KB212585

근현대 전법 선맥(傳法禪脈)

75조 경허 성우(鏡虛 惺牛) 전법선사

오도송

홀연히 콧구멍 없는 소 라는 말끝에	忽聞人語無鼻孔
삼천계가 내 집임을 단박에 깨달았네	頓覺三千是我家
유월의 연암산을 내려가는 길에서	六月鷰巖山下路
일없는 야인이 태평가를 부르노라	野人無事太平歌

76조 만공 월면(滿空 月面) 전법선사

전법게

구름과 달, 산과 계곡이라. 곳곳에서 같음이여	雲月溪山處處同
선가의 나의 제자 수산의 큰 가풍일세	叟山禪子大家風
은근히 무문인을 그대에게 분부하니	慇懃分付無文印
이 기틀의 방편이 활안 중에 있노라	一段機權活眼中

* 제75조 경허 성우 전법선사 전함 / 제76조 만공 월면 전법선사 받음

77조 전강 영신(田岡 永信) 전법선사

전법게

불조도 전한 바 없어서	佛祖未曾傳
나 또한 얻은 바 없음을	我亦無所得
가을 빛 저물어 가는 날에	此日秋色暮
뒷산의 원숭이가 울고 있네	猿嘯在後峰

* 제76조 만공 월면 전법선사 전함 / 제77조 전강 영신 전법선사 받음

78대 농선 대원(弄禪 大圓) 전법선사

전법게

부처와 조사도 일찍이 전한 것이 아니거늘	佛祖未曾傳
나 또한 어찌 받았다 하며 준다 할 것인가	我亦何受授
이 법이 2천년대에 이르러서	此法二千年
널리 천하 사람을 제도하리라	廣度天下人

부송(付頌)

어상을 내리지 않고 이러-히 대한다 함이여	不下御床對如是
뒷날 돌아이가 구멍 없는 피리를 불리니	後日石兒吹無孔
이로부터 불법이 천하에 가득하리라	自此佛法滿天下

* 제77조 전강 영신 전법선사 전함 / 제78대 농선 대원 전법선사 받음

이 오도송과 전법게는 농선 대원 선사님께서 법리에 맞도록 새롭게 번역한 것입니다.

불조정맥 제77조 대한불교 조계종 전강 대선사님께서는, 16세에 출가하여 23세 때 첫 깨달음을 얻고 25세에 인가를 받으셨다. 당대의 7대 선지식의 만공, 혜봉, 혜월, 한암, 금봉, 보월, 용성 선사님의 인가를 한 몸에 받으셨으며, 이 중 만공 선사님께 전법계를 받아 그 뒤를 이으셨다. 당대의 선지식들이 모두 극찬할 정도로 그 법이 뛰어나서 '지혜제일 정전강'이라 불렸다.

33세의 최연소의 나이로 통도사 조실을 하셨고, 법주사, 망월사, 동화사, 범어사, 천축사, 용주사, 정각사 등 유명선원 조실을 역임하시고 인천 용화사 법보선원의 조실로 인생을 마치셨다.

1975년 1월 13일, 용화사 법보선원의 천여 명 대중 앞에서 "어떤 것이 생사대사 (生死大事)인고?" 자문한 후에 "악! 구구는 번성(飜成) 팔십일이니라."라고 법문한 뒤, 눈을 감고 좌탈입망하셨다.

다비를 하던 날, 화려한 불빛이 일고 정골에서 구슬 같은 사리가 무수히 나왔다. 열반하시기까지 한결같이 공안 법문으로 최상승법을 드날리셨으니 그 투철한 깨달음과 뛰어난 법, 널리 교화하기를 그치지 않으셨던 점에 있어서 한국 근대 선종의 거목이라 일컬어지고 있다.

불조정맥 제78대 농선 대원 전법선사님

오로지 정법만을 깨닫기 서원합니다.

입을 열면 정법만을 설하기 서원합니다.

중생이 다하는 그날까지 교화하기 서원합니다.

− 농선 대원 전법선사의 3대 서원

불교 8대 선언문

불교는 자신에게서 영생을 발견하게 한 유일한 종교이다.

불교는 자신에게서 모든 지혜를 발견하게 한 유일한 종교이다.

불교는 자신에게서 모든 능력을 발견하게 한 유일한 종교이다.

불교는 자신에게서 모든 것을 이루게 한 유일한 종교이다.

불교는 자신에게서 극락을 발견하게 한 유일한 종교이다.

불교는 깨달으면 차별 없어 평등하다는 유일한 종교이다.

불교는 모든 억압 없이 자신감을 갖게 한 유일한 종교이다.

불교는 그러므로 온 누리에 영원할 만인의 종교이다.

- 농선 대원 전법선사 주창

전세계의 불교계에서 통일시켜야 할 일

경전의 말씀대로 32상과 80종호를 갖춘 불상으로 통일해야 한다.

예불 드리는 법을 통일해야 한다.

불공의식을 통일해야 한다.

- 농선 대원 전법선사 주창

바로
보인

도가귀감

도서출판 문젠(구, 바로보인)은 정맥선원에서 운영하고 있습니다.

* 인제산(人濟山) 성불사(成佛寺) 국제정맥선원
  경기도 포천시 내촌면 소리개길 86-178 ☎ 031-531-8805
* 인제산(人濟山) 이문절 포천정맥선원
  경기도 포천시 내촌면 소리개길 86-123 ☎ 010-3880-8980
* 백양산(白楊山) 자모사(慈母寺) 부산정맥선원
  부산시 동래구 아시아드대로 114번길 10 대륙코리아나 2층 212호 ☎ 051-503-6460
* 자모산(慈母山) 육조사(六祖寺) 청도정맥선원
  경북 청도군 매전면 동산리 산 50 ☎ 010-4543-2460
* 광암산(光巖山) 성도사(成道寺) 광주정맥선원
  광주광역시 광산구 삼도광암길 34 ☎ 062-944-4088
* 대통산(大通山) 대통사(大通寺) 해남정맥선원
  전남 해남군 화산면 송계길 132-98 중정마을 ☎ 061-536-6366

바로보인 불법 ④

바로보인 도가귀감(道家龜鑑)

2쇄 펴낸날 단기 4350년, 불기 3044년, 서기 2021년 8월 1일

역   저   농선 대원 선사
펴 낸 곳   도서출판 문젠(Moonzen Press)
          11192, 경기도 포천시 내촌면 소리개길 86-178
          전화 031-534-3373 팩스 031-533-3387
신 고 번 호 2010.11.24. 제2010-000004호
인   쇄   가람문화사

도서출판문젠 www.moonzenpress.com
정 맥 선 원 www.zenparadise.com
사막화방지국제연대(IUPD) www.iupd.org

값 12,000원
ISBN 978-89-6870-212-9 03220

바로보인 불법 **40**

도가귀감
道家龜鑑

휴정 서산 대사 지음
농선 대원 선사 역저

서문

동양의 세 분 성현(석가모니불, 노자, 공자)은 일물(一物, 온통인 마음)을 밝혀 회복함으로써, 나고 죽음을 비롯하여 모든 아픔과 고를 여의어, 뜻과 같이 누려서 살게 하는 데 그 뜻을 두고 교화하셨음을 알 수 있다.
이 세 분들의 참 뜻을 알고 싶은가?

빨랫줄 제비 머리 윤기가 곱고
처마 밑 참새들은 떠들썩하며
뜰 위에 저 백구는 낮잠이 깊다

단기(檀紀) 4340년
불기(佛紀) 3034년
서기(西紀) 2007년
음력 8월 10일

무등산인 농선 대원 분향근서
(無等山人 弄禪 大圓 焚香謹書)

차 례

도가귀감 1

道家龜鑑

이 물건은 천연적으로 이루어져 있으니
하늘땅 이전에 이루어진 것이다.

有物渾成 先天地生

대원선사 결문
大圓禪師 決文

이 물건은 하늘땅이 있기 이전의 것으로, 하늘땅이 다한 이후에도 한결같으니, 곧 영원한 참나이다.
이 물건을 알고 싶은가?

매화는 이른 봄의 꽃이다.

道家龜鑑

도가귀감 2

지극히 크고, 지극히 묘하며
지극히 비고, 지극히 신령하며

至大至妙 至虛至靈

지극히 크고 커서 그 갓이 없고 지극히 묘하여
형상이 있는 것, 형상이 없는 것 그 모든 것을
이루어 낸다.
그러나 실체인즉 텅 비어 볼 수도, 잡을 수도
없는 신령함이니 이것을 알고 싶은가?

달빛에 뛰는 고기 금빛이다.
험!

대원선사 결문
大圓禪師 決文

道家龜鑑

도가귀감 3

넓고 넓어 탕탕하고
역력히 밝고도 분명하나
그 있는 곳을 방위로 정할 수 없고
그 수명은 겁의 수로도 헤아릴 수 없어
나는 그 이름을 알려고 하지도 않지만
굳이 이름해 부르길 마음이라고들 한다.

浩浩蕩蕩 歷歷明明 方隅不可定其居 劫數不
能窮其壽 吾不知其名强名曰心

대원선사 결문
大圓禪師 決文

교화경에서 이르기를
"저 푸른 것이 한울이 아니며
까마득한 것이 한울이 아니다.
한울은 허울도 바탕도 없고
비롯함도 마침도 없으며
위 아래 사방도 없어서
겉은 훵 비고 속도 텅 비었으니
어디에나 있지 않음이 없고
무엇에나 일체되지 않음이 없다."
라고 하였다.

신훈편에서 이르기를
"자성에서 한얼의 씨를 구하라.
너희 머리에 있다."
라고 하였다.

한울인 이 물건을 알고 싶은가?

안동의 탈춤에서도 보느니라.
험!
험!

道家龜鑑

도가귀감 4

또 곡신이라고도 하는데
이는 삼재[1]의 근본이 되며
만물의 어머니이다.

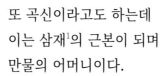

亦曰谷(虛明)神(靈妙) 邃爲三才之本 萬物
之母

---

1 삼재(三才) : 천재(天才), 지재(地才), 인재(人才).

형상이 있고 형상이 없고를 막론하고 이 곡신
에서 비롯되지 않은 것이란 단 하나도 없다.
이러한 실체를 알고 싶은가?

남산타워는 서울에 있다.

대원선사 결문
大圓禪師 決文

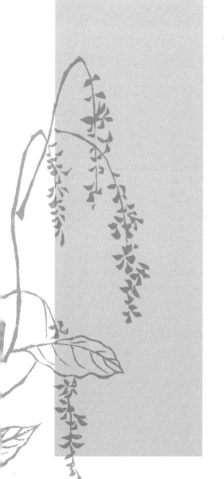

道家龜鑑

도가귀감 5

이름이 있는 것이나 이름이 없는 것이나
생각이 있는 것이나 생각이 없는 것이나
모두가 여기에서 나온 것이다.
그러므로 말하기를 현묘하고 또 현묘하여
온갖 묘함의 문이라 했다.

有名無名 有念無念 同出於斯 故曰玄之又玄
衆妙之門

유정이건 무정이건 어느 것 하나 이 마음으로
짓지 않은 것이 없다. 그러나 아직 깨닫지 못한
이로서는 이러한 말을 수용하기 어려울 것이
다.

꿈나라의 산하대지는 물론 허공까지도 오직 제
마음으로 이루어놓은 것이건만 꿈속에서 누군
가에게 이런 말을 듣는다면 받아들일 수 있는
사람이 과연 몇이나 될 것인가. 거의 없다 할
것이다. 아니 도리어 그렇게 말하는 사람을 의
심하며 비방할 것이다. 그러다가 꿈을 깨고 나
서야 그 사실을 알게 된다.

이 세상이 바로 꿈속의 세상과 같고 이 세상 모
든 사람이 꿈속의 사람과 같다.

이러한 능력의 실체를 알고 싶은가?

습득은 비를 놓고 합장하고
포대화상 시장에서 걸식하며
보화는 허공에서 요령 친다

대원선사 결문
大圓禪師 決文

17

道家龜鑑

도가귀감 6

그 본체를 도라 하고
그 작용을 덕이라 한다.
작용은 본체가 없으면 있을 수 없고
본체는 작용이 없으면 묘할 수 없다.
그러므로 도와 덕을 함께 갖춰 든 것이니
모든 인연을 끊고 그 묘함을 비춰보라.

體曰道 用曰德 用無體不生 體無用不妙故
備擧道德 請捨諸緣 以觀其妙

그 묘함의 실체를 알고 싶은가?

뒷 물건을 똑똑히 보면서
앞 물건을 동시에 보아라.

이렇게 해서 이삼십 분 지극하면
앞뒤 물건 간 곳 없이 사라지고

허공 같은 보는 맘만 있으리니
이때가 깨닫기에 좋은 때네.

대원선사 결문
大圓禪師 決文

道家龜鑑

도가귀감

7

성인은 이름을 드날리려는 것이 없고
신령한 이는 공훈을 내세우려는 것이 없으며
극치에 이르른 사람은 자기라고 하는 것이
없다.
도와 덕을 진실하게 품은
무아인 가없는 마음이라
항상 물상이 아닌 국토에 자적하나
어질고 의로움의 천하인 국가까지도
실다움이 없는 것으로 삼는다.

聖人無名 神人無功 至人無己 抱道德之眞實
虛心無我 常遊於無物之域 以仁義天下國家
爲浮華

대원선사 결문
大圓禪師 決文

그렇다. 꿈이 꿈임을 알면 어찌 꿈속의 칠보라
한들 마음에 두랴.
꿈이 꿈임을 알면 자기 마음의 능력으로 베풀
어 놓은 것임도 알 것이니 오직 누릴 뿐이라,
물질로 인한 다툼이 있을 수 없다.
이렇게 다툼이 없는 삶을 영위하고 싶은가?

토끼는 낮잠을 자는데
거북이는 만세를 부른다
험!

道家龜鑑

도가귀감 8

요, 순의 도는 모든 사람의 아버지는 될 수
있으나
그 모든 사람의 아버지의 아버지는 될 수 없
다.

堯舜之道 可以爲衆父 不可以爲衆父父

요, 순의 도가 아버지의 아버지는 될 수 없다고 한 것은 무극(無極)에서 태극(太極), 태극에서 음양(陰陽), 음양에서 홀연히 삼라만상이 전개된 이후에 베푼 도이기 때문이다.

그러나 비치고 씀을 동시에 하는 지극히 자연스러운 무위(無爲)의 함은 도리어 활달한 아버지의 아버지라 할 것이다.

이 활달한 아버지의 아버지를 알고 싶은가?

노자는 흰 머리로 태어났고
싯달타는 우협으로 태어났으며
습득은 길가에서 주워왔다

대원선사 결문
大圓禪師 決文

道家龜鑑
도가귀감 9

인간 세상은 큰 꿈이다.
그 큰 꿈 가운데에는 반드시
크게 깨달은 왕이 있다.
그런 까닭에 크게 깨달은 뒤에
이곳이 그 큰 꿈이란 것을 알게 되는 것이다.
그래서 장주와 나비 모두 꿈이 되는 것이다.

人世大夢也 大夢之中 必有大覺之王 故大覺
然後 知此其大夢也 然則莊周與胡蝶 俱爲夢
也

인간 세상은 꿈 아닌 것이 없다.

그리하여 이 세상은 고해의 세계지만 마음을
닦는 수행으로써 크게 깨달은 분에게 있어서는
자성의 전능한 능력으로 펼쳐놓고 누리는 화장
세계이다.

전능한 능력의 실체인 자성을 깨닫고 싶은가?

나이 많은 사람은 머리가 희다.

험!

험!

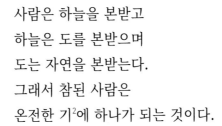

道家龜鑑

도가귀감 10

사람은 하늘을 본받고
하늘은 도를 본받으며
도는 자연을 본받는다.
그래서 참된 사람은
온전한 기[2]에 하나가 되는 것이다.

人法天 天法道 道法自然 故眞人 抱一專氣

2　온전한 기(氣) : 원문에 '일전기(一專氣)'라고 되어 있는
　　데, 이는 도가의 용어로서 순일무잡의 기운을 말한다. 일
　　기(一氣), 원기(元氣)라고도 한다.

대원선사 결문
大圓禪師 決文

여기서 말한 자연이란 본연(本然)한 일(一)의 실체이다.
일의 실체란 무엇이 가자됨이 없는 본래의 천진(天眞)을 말한 것이다.

이 천진인 실체를 알고 싶은가?
봉사는 지팡이의 말을 듣는다.

그 지팡이의 말을 어찌해야 듣겠는가?
(큰 소리로)
악!

여기서 말하는 도를 알고 싶은가?
동시에 앞뒤 보는 마음을 씀이다.

道家龜鑑
도가귀감
11

양생[3]은 양을 기르는 것과 같아서
그 뒤를 채찍질해야 된다.

養生如牧羊鞭其後

---

3 양생(養生) : 몸과 마음을 건강하게 하여 오래 살기를 꾀
   하는 것.

대원선사 결문
大圓禪師 決文

왜 양을 기르는 것과 같이 채찍질해야 된다고
했을까? 오히려 양이란 방목해야 건강하게 자
랄 수 있다. 그런데 그 뒤를 채찍질해야 된다고
한 까닭은 만약 채찍질이 없으면 들어갈 곳, 들
어가서는 안 될 곳을 가리지 못하기 때문이다.
사람의 삶도 그와 같아서 하고 싶은 대로 한다
면 방탕하게 되고, 방탕하면 반드시 몸과 마음
을 망치게 된다.
그러므로 선배와 웃어른들과 성현의 가르침을
따라 실행해야만 건강한 마음으로 살 수 있다.
알겠는가? 옛 분이 말하였다.

백 년 탐한 재물은 하루아침 티끌 되고
재색의 화란 것은 독사보다 심하나
삼 일 닦은 마음은 천 년의 보배니라

道家龜鑑
도가귀감
12

성인은 다툼이 없다.
그러므로 천하의 누구도 그와 다툴 수 없다.
성인은 스스로 교만함이 없다.
그러므로 능히 그 뛰어남을 이룬다.

聖人不爭故天下莫與爭
聖人不自大故能成其大

본래 이상도 이하도 있을 수 없기 때문이다.
이렇게 알고, 이렇게 사는 이가 성인들이다.
이상도 이하도 없는 마음을 알고 싶은가?

때를 잃은 노랑나비, 시든 국화 찾아 날고
철새인 기러기는 팔자로 날아간다
험!

대원선사 결문
大圓禪師 決文

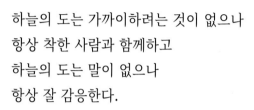

道家龜鑑
도가귀감
13

하늘의 도는 가까이하려는 것이 없으나
항상 착한 사람과 함께하고
하늘의 도는 말이 없으나
항상 잘 감응한다.

天道無親 常與善人 天道不言 亦常善應

대원선사 결문
大圓禪師 決文

동령에 솟는 해가 어디는 먼저 비추고 어디는 나중에 비추려 하는 분별이 없지만, 반드시 높은 봉우리 먼저 비추고 낮은 곳은 나중에 비추며, 물 또한 어디는 가고 어디는 가지 않으려 하는 차별이 없지만, 반드시 낮은 곳을 향해 간다.

하늘의 도도 그와 같다.

차별을 짓지 않으나 반드시 바르고 착한 것을 돕는다.

하늘의 도의 실체를 보고 싶은가?

황소는 한가히 풀을 뜯고
흰 구름은 동령을 달리며
장사차 노랫소리 흥겹다

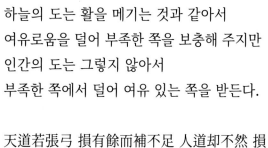

하늘의 도는 활을 메기는 것과 같아서
여유로움을 덜어 부족한 쪽을 보충해 주지만
인간의 도는 그렇지 않아서
부족한 쪽에서 덜어 여유 있는 쪽을 받든다.

天道若張弓 損有餘而補不足 人道却不然 損
不足而奉有餘

참으로 하늘의 도는 무위로 베풀어서, 쓰고 써
도 다함 없이 부족한 쪽을 이루어주고 보충해
준다.
그러므로 바라는 바 없는 가운데 항상 베풀어
주지만 인간세상은 낮고 부족한 쪽에서 높고
여유로운 쪽을 받들고 희생한다.
이는 하늘의 도를 본받아 꼭 개선해야 할 점이
다.
알겠는가?

무정한 돌덩이도 낮은 곳을 메우고
흐르는 개울물도 낮은 곳을 채우는데
만물의 영장으로 어찌 아니 본받으랴

대원선사 결문
大圓禪師 決文

道家龜鑑

도가귀감 15

다섯 가지 빛깔[4]은 사람의 눈을 멀게 하고
다섯 가지 소리[5]는 사람의 귀를 먹게 한다.
그 중에서도 미색이 가장 심하니
한편으로 마왕[6]보다 더하고
한편으로 성품을 베는 것이 도끼보다 더하다.
그러므로 성인은 마음을 위하지 눈을 위하
지 않는다.

五色令人盲 五聲令人聾 然美色爲甚 一爲花
箭 一爲伐性斧 故聖人爲腹不爲目

---

4 다섯 가지 빛깔[五色]: 청(靑), 황(黃), 적(赤), 백(白), 흑(黑).
5 다섯 가지 소리[五聲]: 궁(宮), 상(商), 각(角), 치(徵), 우(羽).
6 마왕(魔王): 원문에 '화전(花箭)'이라고 되어 있는데, 대부
    분 꽃화살이라고 직역한다. 그러나 중국의 『불교사전대전
    (佛教词典大全)』을 보면 다음과 같이 되어 있다. "화전은
    원래 마왕을 가리킨다. 대지도론 권5의 기록에 의하면 마
    왕은 아름다움으로 사람을 유혹하고 종종 선한 일을 파괴
    하므로 마왕을 화전이라고 한다."

대원선사 결문
大圓禪師 決文

여기서는 눈과 귀의 폐해만을 말했지만 불교에서는 몸에 여섯 도적이 있다고 했다.

눈은 좋은 것만 보려 하고, 귀는 좋은 소리만 들으려 하고, 코는 좋은 냄새만 맡으려 하고, 혀는 맛있는 것만 맛보려 하고, 몸은 부드러운 것만 대려 하고, 뜻은 즐거운 것만 취하려 해서 한평생 이 여섯 도적의 뜻에 맞춰 사느라 갖은 죄를 다 짓는다.

그러나 이 여섯 도적, 즉 몸뚱이는 끝내 나를 배신하고 물, 불, 바람, 흙으로 돌아가버린다. 그리고 여섯 도적을 위해 지은 죄값은 마음인 내가 받게 된다.

알겠는가?

이러한 윤회의 사슬에서 벗어나려거든 너를 알라.

보고 듣고 생각하는 이것이 무엇인고?

道家龜鑑

도가귀감 16

하늘의 철저함은 밤이나 낮이나 멈춤이 없는데
뭇 사람들은 도리어 눈과 귀를 막고 있다.

天之穿之 日夜無止 衆人顧塞其竇

대원선사 결문
大圓禪師 決文

동양의 성자들이 말하는 하늘이란, 본래 자성을 회복하여 모든 이치를 꿰뚫어 알아서, 누리와 일체화되어 있는 마음을 말한다.
모든 마음을 속일 수 있을지언정 이 마음만은 속일 수 없다.
알겠는가?

횃불이 바닷속을 지나가고
바람이 산을 뚫는 일은 있어도
이 마음을 속일 수는 없느니라

道家龜鑑
도가귀감 17

도인은 거친 베옷을 입었어도 옥을 품었으니
덕은 기르고 몸은 잊는다.

道人被葛懷玉故 德有所長 形有所忘

도인은 혹 외형에 마음을 쓴다 해도 누군가를
돕기 위한 방편이지 자신을 위해 치장하는 일
은 결코 없다.
도인은 언제나 모든 중생을 위한 생각과 함뿐
인 것이다.
알겠는가?

부모의 정이라도 다함 있고
세계가 다할 날은 있어도
도인의 중생 위함 끝이 없네

道家龜鑑

도가귀감 18

몹시 사랑하면 반드시 괴로움이 크고
많이 가지면 반드시 잃는 것이 많다.
그러므로 만족할 줄을 모르는 것보다 큰 화
는 없다.

甚愛必大費 多藏必厚亡 故禍莫大於不知足

대원선사 결문
大圓禪師 決文

그러나 주는 사랑에는 괴로움이 없고
베푸는 이는 많이 가져도 잃는 일이 없다.
그러므로 주는 사랑은 많이 할수록 좋고
베푸는 이가 가지는 것 또한 많을수록 좋다.
알겠는가?

사랑을 하려거든 주는 사랑 할 것이며
가졌거든 반드시 베풀 줄을 알아라
그러면 사랑받는 덕인이 될 것이다

道家龜鑑
도가귀감
19

믿을 수 있는 말은 듣기 좋지 않고
듣기 좋은 말은 믿을 수 없다

信言不美 美言不信

믿음에는 고요가 깃들고
고요하면 바른 도가 보이지만
그렇지 못하면 어지러움이 뒤따르며
어지러움엔 어둠과 혼란이 뒤따른다.
알겠는가?

믿음 속의 고요를 즐기면
대상 없는 큰 낙이 되거늘
그 어찌 소홀할 수 있으랴

대원선사 결문
大圓禪師 決文

道家龜鑑

도가귀감

20

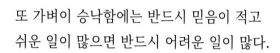

또 가벼이 승낙함에는 반드시 믿음이 적고
쉬운 일이 많으면 반드시 어려운 일이 많다.

又輕諾必寡信 多易必多難

속담에 돌다리도 두들겨보고 건넌다는 말이 있
지 않은가. 매사에 신중히 처리하는 사람이 되
어야 한다.
알겠는가?

급한 일도 생각해본 다음에 행하라 했다.

대원선사 결문
大圓禪師 決文

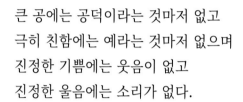

道家龜鑑

도가귀감 21

큰 공에는 공덕이라는 것마저 없고
극히 친함에는 예라는 것마저 없으며
진정한 기쁨에는 웃음이 없고
진정한 울음에는 소리가 없다.

大功無功 至親無禮 眞喜無笑 眞哭無聲

거짓은 항상 떠들썩하고
진실은 언제나 조용하다.

대원선사 결문
大圓禪師 決文

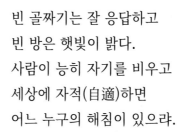

道家龜鑑

도가귀감

22

빈 골짜기는 잘 응답하고
빈 방은 햇빛이 밝다.
사람이 능히 자기를 비우고
세상에 자적(自適)하면
어느 누구의 해침이 있으랴.

空谷善應 虛室生白 人能虛己而遊世孰能害之

이 세상의 모든 시비의 다툼은 자기를 비우지 못하는 데서 있게 된다. 원인 없는 일은 없다. 자신을 비우고 무위의 함으로 유유자적 사는 이에게 어찌 적이 있겠는가.

대원선사 결문
大圓禪師 決文

道家龜鑑
도가귀감
23

허망한 이름과 덧없는 재물은
가령 얻었다 해도 반드시 복이 아니고
가령 잃는다 해도 반드시 화가 아니다.

虛名浮利 縱得之 未必福 縱失之 未必禍

요즘 국회의원 등 정계에 얼마나 많은 사람들이 얻음으로 해서 직장과 명예를 잃던가. 만약 잃었거나 베풀어 주었던들 그리 되었겠는가. 옛 분이 말하기를 재물에서 오는 독은 경우에 따라서 독사보다 심하다고 했다.

알겠는가?

명심, 명심할지어다.

대원선사 결문
大圓禪師 決文

道家龜鑑
도가귀감
24

옛날 도를 깨달은 분은
곤궁해도 즐거워하고
출세를 해도 즐거워하였다.
그가 즐거워하는 것은
곤궁이나 출세 때문이 아니니
곤궁과 출세는 바깥 일이다.

古之得道者 窮亦樂 通亦樂 此所樂 非窮通
窮通乃外物也

대원선사 결문
大圓禪師 決文

바깥 경계에서 얻은 낙은 오래가지 못할 뿐만
아니라, 반드시 언젠가는 고의 원인이 되지만
깨달은 사람이 누리는 대상 없는 내면의 낙은
영원한 것이다.
이 낙의 실체를 알고 싶은가?

십일월 십삼사일 도솔산 단풍이여
그 어느 비단인들 이보다 고우랴

높푸른 하늘에는 새털구름 떠 있고
그 밑을 스쳐 나는 비행기 은빛일세

이렇게 비치고 씀, 한 때 하는 이 낙을
보이고 들리는 것 모두가 누설하네

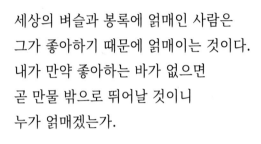

道家龜鑑

도가귀감
25

세상의 벼슬과 봉록에 얽매인 사람은
그가 좋아하기 때문에 얽매이는 것이다.
내가 만약 좋아하는 바가 없으면
곧 만물 밖으로 뛰어날 것이니
누가 얽매겠는가.

世之籠爵祿者 因其所好而籠之 我若無所好
則超出乎萬物之外 誰得而籠之

모든 욕심이 줄 없는 얽매임의 근본이 된다. 그러므로 욕심을 비운 사람에게는 속박과 굴욕이 없다. 항차 만물 밖으로 뛰어난 이라면 본연한 삶을 누리는 사람이거니 어찌 얽매임이 있으랴.

만물 밖의 뛰어난 사람이 되고 싶은가?

계백은 백제의 장군이고
항우는 진나라의 장사니라
험!

대원선사 결문
大圓禪師 決文

道家龜鑑

도가귀감 26

사람들이 만약 나를
소라고 부르거나 말이라고 부르더라도
나는 모두 대답할 것이다.
사람들이 이름한 것을
만일 내가 받아들이지 않는다면
다시 또 그러한 재앙을 받을 것이기 때문이다.

人若呼我牛呼我馬 我俱應之 我有其實 人與之
名 我若不受 再受其殃

진정한 반성과 참회가 없이는 거듭날 수 없는 법이다.

반성과 참회로 다져진 삶은 마침내 보배와 같은 지혜로 덕과 복을 이룬다.

알겠는가?

대원선사 결문
大圓禪師 決文

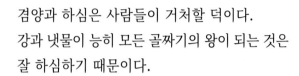

道家龜鑑
도가귀감
27

겸양과 하심은 사람들이 거처할 덕이다.
강과 냇물이 능히 모든 골짜기의 왕이 되는 것은
잘 하심하기 때문이다.

謙讓下心 處家之德也 江河能爲百谷王者 以其
善下之故

사람마다 마음을 비워 항상 태허와 같이 해서,
하심으로 포용하고 응해 베풀어 살면 그 삶은
곧 낙원이다.
알겠는가?

대원선사 결문
大圓禪師 決文

道家龜鑑

도가귀감 28

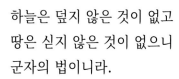

하늘은 덮지 않은 것이 없고
땅은 싣지 않은 것이 없으니
군자의 법이니라.

天無不覆 地無不載 君子法之

가없는 마음으로 모두 포용하고
두터운 바탕에서 함양함
이것이 군자들의 행일세.

대원선사 결문
大圓禪師 決文

道家龜鑑

도가귀감

29

사람의 마음에 한 생각만 생겨도 하늘과 땅이
모두 안다.

人心生一念 天地悉皆知

대원선사 결문
大圓禪師 決文

금강경 서설에서 일렀다.

"한 물건이 있으니
이름과 모양이 다 끊어졌으되
옛과 이제를 꿰었고
한 티끌에 있으되
온 누리를 삼켜버렸다
안으로 뭇 묘함을 머금었고
밖으로는 뭇 사물과 일에 응하면서
하늘과 땅과 사람에 있어서 이것이 주인이고
일만 가지 모든 법에 이것이 왕이로다
넓고 벽 없음이여, 그 비할 것 없고
높고 끝 없음이여, 그 짝할 것 없도다
신묘하지 않은가!
밝고 또렷이 허리를 구부리고 펴는 데 있고
은은히 보고 듣는 데 있으니
불가사의하지 않은가!
하늘과 땅보다 먼저여서 그 비롯함이 없고
하늘과 땅이 다 없어진 뒤에도 그 마침이 없으니
있다 할 것이냐, 없다 할 것이냐
나 모르겠다!"

이러한 마음은 삼천대천세계의 중생들 마음을
모두 보고 모두 안다 했다. 그러므로 밝은 거울
앞은 피해갈 수 있어도 이러한 마음은 피해갈
수 없는 것이다.
이러한 마음을 알고 싶은가?

나는듯한 흰 구름은 백학이고
호수 속의 산들은 우쭐대며
빨랫줄 위 제비는 노래일세

道家龜鑑

도가귀감 30

사람이 은밀히 말해도
하늘은 우레소리처럼 듣고
어두운 방에서 마음을 속이더라도
신령한 눈은 번개같이 본다.

人間私語 天聞若雷 暗室欺心 神目如電

그 어찌 은밀히 말하는 것뿐이랴.
은근히 생각을 일으키려 할 때 벌써 다 듣고 다
본다.
어째서인지 알고 싶은가?

크기로는 크고 커서 밖이 없고
작기로는 작고 작아 안이 없어
이것은 안팎 없이 이렇다네

대원선사 결문
大圓禪師 決文

道家龜鑑

도가귀감

31

군자는 온갖 선을 널리 취하여 그 몸을 바르
게 한다.
그러므로 반드시 공자의 말만을 읽을 것이
아니며
편작이 처방한 약만을 쓸 것이 아니니라.
이치에 맞으면 따를 것이며
병을 고치는 자가 좋은 의원인 것이다.

君子博取衆善 以輔其身 書不必孔子之言 藥
不必扁鵲之方 合義者從 愈病者良

싯달타께서도 모든 선은 빠짐없이 실행하고, 모든 악은 작은 것이라 할지라도 다 버리라고 하셨다.
모두가 이렇게 될 때 지상극락은 이루어진다.
알겠는가?

바른 앎은 실행에 옮기고
그르다 하는 것은 다 버려라
선 자리가 낙원이 되리라

道家龜鑑
도가귀감
32

만 구멍의 바람도 온통인 허공에서 나와서
온통인 허공으로 들어가고
백가(百家)[7]의 주장도 온통인 마음이 옳다
하고 온통인 마음이 그르다 한다.

萬竅之風 出一虛入一虛 百家之論是一心非
一心

---

7   백가(百家) : 여러 가지 학설이나 주장을 내세우는 많은
      학자 또는 작자(作者).

어찌 옳고 그름뿐이랴.
일체가 마음으로 짓지 않음 없으니
그러므로 마음만 맑고 밝게 쓴다면
속박도 괴로움도 없을 걸세.
알겠는가?

물건 보는 자체를 보아라
그러면 맑고 밝아 그릇됨 없어
어디서나 자재할 걸세

대원선사 결문
大圓禪師 決文

道家龜鑑

도가귀감
33

이 마음은 하늘과 땅까지도 머무는 곳이며
하늘과 땅은 만물이 머무는 곳이다.

此心天地之逆旅 天地萬物之逆旅

이 마음은 하늘과 땅까지도 마치 보석 가운데 일
곱 가지 영롱한 빛처럼 머금어 쓰는 실체이다.
이 마음의 이러한 경지를 알고 싶은가?

관에 없던 보화는 창공에서 요령을 울리고
법상에서 말 없던 선혜대사 주장자를 내리친다
참!

대원선사 결문
大圓禪師 決文

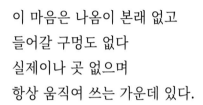

이 마음은 나옴이 본래 없고
들어갈 구멍도 없다
실제이나 곳 없으며
항상 움직여 쓰는 가운데 있다.

此心出無本入無竅 有實而無乎處 常在動用中

이 마음은 비롯한 적도 없고 마침도 없으며
모양도 빛깔도 없으나
영원한 실제의 존재이다.
가없어 어디에나 있지 않은 곳이 없고
뜻대로 이루지 못하는 것이 없다.
이 마음의 실상을 알고 싶은가?

머리에 눈[雪]을 얹은 사람 복더위에 찾아오니
머리에 불[火]을 얹은 사람 맞이해 인사하네
머리에 숯을 얹은 사람 그 곁을 지나간다

대원선사 결문
大圓禪師 決文

道家龜鑑

도가귀감

35

온통인 것〔一〕을 통달하면 만사를 마치고
마음을 비우면 귀신도 조복한다.

通於一而萬事畢 虛於心而鬼神服

대원선사 결문
大圓禪師 決文

이 온통인 것은 만물의 근본 실체거니 말을 해
서 무엇하겠는가?
텅 비어 안이 없고 이러-히 밖이 없으나
불가능이 없는 이 마음을 보이랴?

설날의 시루 김이 나보다 먼저 누설하네
험!
험!

道家龜鑑

도가귀감

36

재물 때문에 제 몸을 죽이고
세속 일 때문에 본래의 성품을 잃으면
이것을 전도된 사람이라고 한다.

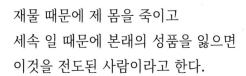

喪己於物 失性於俗 謂之倒置之民

대원선사 결문
大圓禪師 決文

세 치 못 되는 숨결만 끊어지면 한평생 탐한 재산들이 티끌만도 못한데, 그것을 모으기 위해 그 얼마나 많은 종노릇에 희생의 삶을 살아왔던가.

세상살이에 빠져 자신을 돌이켜 살피지 못해서, 전지전능한 천연의 성품이 무엇인지도 모르고 사는 사람이, 어찌 열에 팔, 구 명만 되겠는가.

여러분 내면에서 듣는 그곳을 향해 비추어 보십시오. 홀연히 무릎 치며 깨달을 날이 있으리니….

험!

道家龜鑑

도가귀감
37

무극에서 건립하고
태일이 주관한다.
움직임은 물같이 하고
고요함은 거울같이 하며
응함은 메아리같이 한다.

建之以無極 主之以太一 動若水 靜若鏡 應若響

대원선사 결문
大圓禪師 決文

무극은 모든 상과, 모든 음향과, 모든 생각 등 유형, 무형의 어머니다.

그리고 태일에 대해서는 환단고기의 소도경전 본훈과 삼신오제본기에 다음과 같이 일렀다.

"삼신(三神)은 곧 천일(天一)·지일(地一)·태일(太一)의 신이다. 일기(一氣)가 능히 스스로 움직여 조화(造化)·교화(敎化)·치화(治化) 삼(三)으로 화한 신(神)이 되니, 신은 곧 기(氣)이고 기는 곧 허(虛)이며 허는 곧 일(一)이다. ▷
태백일사 중 소도경전본훈
머리숙여 생각컨대 삼신이란 천일·지일·태일이니, 천일은 조화를 주관하고, 지일은 교화를 주관하며, 태일은 치화를 주관한다. ▷태백일사 중 삼신오제본기"

여기서 말한 태일을 다시 요약해서 말하자면 본분의 지혜이며 또한 깨달아서 본분을 완전히 회복해서 쓰는 지혜이다.

이 지혜의 실체를 알고 싶은가?

설산 중엔 히말라야 가장 높고
별 중엔 샛별이 가장 밝다
힘!

道家龜鑑
도가귀감
38

사람이 그림자를 두려워해서 흔적을 피하고자
하면
발걸음은 더 잦아져 흔적이 더 많아지고
달음질을 더 빠르게 하면 그림자도 더 빨라지니
그늘 속에서 그림자를 없애고
고요함 속에서 자취를 쉴 줄 모르는 것이다.

人有畏影避迹者 足愈數而迹愈多 走愈疾而影
愈急 不知處陰以休影 處靜以息迹

대원선사 결문
大圓禪師 決文

땅에서 넘어진 자는 땅을 짚고 일어나야 한다
고 했다. 사람들의 괴로움과 두려움은 광대무
적(廣大無敵), 전지전능한 참나를 잊은 데에서
비롯된 것이다.
어찌해야 이러한 참나를 회복할꼬?

정오의 그림자는 발밑에 숨었고
주금산정 흰 구름 오늘따라 희디 흰데
도연명을 그리며 홀로선 저 들국화

道家龜鑑
도가귀감
39

도는 보았다 하면 옳지 않고
도는 들었다 해도 옳지 않다.
아는 이는 말이 없고
말하는 이는 알지 못하는 이이다.
또한 말하는 이가 뜻에 있다고 하지만
깨달아 뜻을 잊은 이가 말한다면
말한다 해도 옳다.
그러므로 형상 없는 데서 보고
소리 없는 데서 듣는 것이다.

道不可見 道不可聞 知者不言 言者不知 又
言者在意 得意忘言者 可以言故 視之無形
聽之無聲

대원선사 결문
大圓禪師 決文

도는 언제나 온전히 드러난 것이므로 보았다
하면 옳지 않고
도는 안팎이 없는 것이므로 들었다 해도 옳지
않다.
알겠는가?

내 지금까지
아차차….

부록
도덕경
道德經

부록
도덕경 8장

최상의 선은 물과 같은 것이다.
물은 만물을 이롭게 할 뿐 다투지 않는다.
모든 사람들이 싫어하는 낮은 곳에 처해 있다.
그런 까닭에 도에 가깝다.

上善若水 水善利萬物而不爭 處衆人之所惡 故
幾於道

대원선사 결문
大圓禪師 決文

도는 모든 헛된 꿈을 씻어내는 물이 되며,
도는 모든 행복과 영원한 삶으로 인도하는
물이 된다.
이러한 도의 실체를 알고 싶은가?

도연명은 남산을 바라봤고
대원은 뜰 밑을 가리킨다
험!

부록
도덕경 10장

명백히 사방에 통하여
능히 함이 없도다.
낳고 기름에
낳으나 있다 할 것도 없고
행하나 의지할 것도 없으며
기르나 주관한다는 것도 없으니
이를 일러 불가사의한 덕이라 한다.

明白四達 能無爲乎 生之畜之 生而不有 爲而
不恃 長而不宰 是謂玄德

대원선사 결문
大圓禪師 決文

도인은 항상 바라는 것 없는 베풂을 업처럼
행하므로 이것을 불가사의한 덕이라 한다.

나라는 참나를 깨달아서
그 자성이 지닌 덕 베풀어
이 땅에 지상극락 이룰진저

부록
도덕경 12장

오색의 찬란한 빛은 사람의 눈을 멀게 하고
오음의 아름다운 소리는 사람의 귀를 멀게 하며
오미의 좋은 맛은 사람의 입을 상하게 하고
말을 달려 사냥하는 일은 사람의 마음을 미치
게 하며
희귀한 물품은 사람에게 베풀기를 꺼리게 한다.
그러므로 성인은 마음을 위하고 눈은 위하지
않는다.
그래서 저것이라 하는 것을 버리고 이것을 취
한다.

五色令人目盲 五音令人耳聾 五味令人口爽 馳
騁畋獵令人心發狂 難得之貨令人行妨 是以聖
人爲腹不爲目 故去彼取此

대원선사 결문
大圓禪師 決文

저것이라 하는 것을 버리고 이것을 취하려면
경계를 보기 전에 보는 실체 비춰보라
비춰보아 사무치면 안팎 없는 물건일세

부록
도덕경 16장

공평한 것이 왕도이니
왕도는 하늘의 법칙이다.
하늘의 법칙은 바꾸어 말하면 도이다.
도는 곧 영구한 것이어서
몸이 없어지거나 위태함이 없다.

公乃王 王乃天 天乃道 道乃久 沒身不殆

대원선사 결문
大圓禪師 決文

도의 실체는 안팎이 없다. 커서는 그 갓이
없고, 작아서는 침 꽂을 곳도 없다. 그러므
로 어떠한 비방도 칭찬도 미칠 수 없다. 마
치 허공처럼 만물의 생명과 행복과 영원한
삶의 회복을 위해 최선을 다할 뿐이다.
이것이 도이다.

부록
도덕경 18장

큰 도가 없어지면
인이니 의니 하는 것이 있게 되니,
지혜란 것이 나타나면
큰 거짓이 있음이다.
육친이 화목하지 못하니
효행이니 자애니 하는 것이 있게 되고
국가가 혼란하니
충신이 있게 된다.

大道廢 有仁義 智慧出 有大僞 六親不和 有孝
慈 國家昏亂 有忠臣

대원선사 결문
大圓禪師 決文

이 장에서 말하고 있는 지혜란 본래 천연한
나인 무위의 실체를 잊고 경계를 쫓아 생긴
지혜를 말한다.
성현들은 이러한 지혜가 아니라 항상 무위
의 지혜를 써서 모든 사람을 바른 삶으로 이
끌어 준다.
그것이 곧 인(仁)이요, 의(義)요, 효(孝)며,
충(忠)이다.

부록
도덕경 20장

세상 사람들은 사리에 밝아 잘 살피는데
나는 홀로 사리에 어둡다.
바다처럼 안정되고
비어서 그칠 것도 없다.
모든 사람들은 다 쓸모가 있건만
나만은 홀로 둔하고 촌스럽다.
나는 홀로 사람들과 달리
생명의 근원만을 소중히 여길 뿐이다.

俗人察察 我獨悶悶 澹兮其若海 飂兮若無止 衆
人皆有以 而我獨頑似鄙 我獨異於人而貴食母

대원선사 결문
大圓禪師 決文

참된 삶을 사는 가장 지혜로운 사람은 꿈속
의 일에 가장 어두운 사람이다. 그러므로 꿈
속의 사람이 보기에는 어리석게만 보인다.
이 장에서 말하는 둔하고 촌스러움이란 곧
그런 것을 말한다.

부록
도덕경 33장

남을 아는 사람이 지혜 있는 사람이라지만
자신을 아는 사람이 더욱 명철한 사람이다.
남을 이기는 사람이 힘이 있는 사람이라지만
자신을 이기는 사람이 더욱 강한 사람이다.
만족할 줄 아는 사람이 부자이고
힘써 실행하는 사람이 뜻이 있는 사람이다.
그곳을 잃어버림이 없는 자를 장구(長久)한다
고 하고
죽어도 죽음이 없는 자를 장수(長壽)한다고
한다.

知人者智 自智者明 勝人者有力 自勝者强 知
足者富 强行者有志 不失其所者久 死而不亡
者壽

대원선사 결문
大圓禪師 決文

무아(無我)의 무위행(無爲行)을 하는 사람
보다 더 강하고 더 슬기롭고, 더 넉넉한 사
람은 없다.
이 장에서 말한 명철함과 강함은 곧 그것을
말한다.

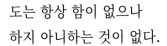

부록
도덕경 37장

도는 항상 함이 없으나
하지 아니하는 것이 없다.

道常無爲 而無不爲

대원선사 결문
大圓禪師 決文

옛사람이 말하기를 어떤 사람이 물을 마심에
그 물을 마셔본 이라야 물맛을 안다고 했다.
이 장은 깨달아 무위의 함으로 사는 이만이
알 수 있다 할 것이다.
이런 사람이 되고 싶은가?

(손끝으로 방바닥을 찍어 소리를 내다.)
똑.
똑.
똑.

부록
도덕경 38장

최상의 덕을 가진 사람은
스스로 덕이 있다는 생각이 없다.
그런 까닭에 실로 덕이 있는 것이다.

上德不德 是以有德

대원선사 결문
大圓禪師 決文

최상의 덕이란 마치 사향의 향기처럼 저절
로 베풀어지는 것이다. 실로 아무런 분별 없
이 베푸는 것이 곧 이 장에서 말하는 덕이다

부록
도덕경 39장

옛적에 온통인 것을 깨달은 분이 있었다.
하늘은 온통인 것을 깨달아 고요하고
땅은 온통인 것을 깨달아 편안하며
신은 온통인 것을 깨달아 영험하다.

昔之得一者 天得一以淸 地得一以寧 神得一以靈

대원선사 결문
大圓禪師 決文

여기 온통인 것이란 누리의 근원이자 사람
마다의 본성을 말한 것이다. 이 본성을 깨달
아 거기에 갖추어진 본연한 지혜바다에서
놀면 고요하고 편안하며 영험한 삶을 영위
한다.
이러한 실체를 깨닫고 싶은가?

담장이 나보다 먼저 누설하고 있구나.
험!

부록
도덕경 40장

뒤집어진 것은 도를 움직였기 때문이고
약화된 것은 도를 썼기 때문이다.
천하 만물들은 유에서 생겼고
유는 무에서 생겼다.

反者道之動 弱者道之用 天下萬物生於有 有生
於無

대원선사 결문
大圓禪師 決文

유는 무의 작용이요, 무는 유의 실체이다.
무와 유의 혼연한 작용을 도라 한다.
보통사람들은 유의 작용으로 삶을 살기 때
문에 흥망성쇠의 윤회를 반복하고, 성현들
은 무와 유의 혼연한 작용으로 누리기에 흥
망성쇠가 없는 영원한 삶을 사는 것이다.

부록
도덕경 41장

상등의 사람이 도를 들으면 힘써 실행하고
중등의 사람이 도를 들으면 반신반의하며
하등의 사람이 도를 들으면 크게 조소한다.
하등의 사람이 조소하지 않는 도는
도라고 할 만한 것이 못 된다.
그러므로 옛말이 있다.
밝은 도는 어두운 것 같고
전진하는 도는 후퇴하는 것 같으며
평탄한 도는 평탄하지 않은 것 같고
최상의 덕은 골짜기 같으며
크게 깨끗한 것은 더럽혀진 것 같고
넓은 덕은 부족한 것 같으며
이루어진 덕은 등한한 것 같고
꾸밈 없이 참된 것은 구차한 것 같으며
무한대의 방형은 각이 없는 것 같다.
큰 그릇은 이루어지는 것이 늦고
큰 음성은 그 소리를 들을 수 없으며
큰 모습은 형체가 없다.
도는 이름도 없이 드러내지 않고
오직 선을 베풀고 또 이루어지도록 할 뿐이다.

上士聞道 勤而行之 中士聞道 若存若亡 下
士聞道 大笑之 不笑 不足以爲道 故建言有
之 明道若昧 進道若退 夷道若纇 上德若谷
大白若辱 廣德若不足 建德若偸 質眞若渝
大方無隅 大器晚成 大音希聲 大象無形 道
隱無名 夫唯道 善貸且成

대원선사 결문
大圓禪師 決文

상등의 사람은 옳은 일이면 모두 실행하기
를 힘쓴다.
도에 밝은 이는 세상적인 일에 묶이는 일이
없는 가운데 항상 융화로 일을 처리하고 다
같이 좋은 방면을 선택한다.

부록
도덕경 42장

도는 일을 낳고
일은 이를 낳고
이는 삼을 낳고
삼은 만물을 낳았다.

道生一 一生二 二生三 三生萬物

대원선사 결문
大圓禪師 決文

이 장에서 말하고 있는 도는 형상과 빛이 있기 전의 무극과 태극이 순수한 혼연일체인 때를 말한다.

여기서 말하는 일이란 무극에서 태극이 나뉘어짐이 없이 혼연히 어우러진 때를 말하는 것이다.

여기서 말하는 이는 형상과 빛이 나뉘어지기 전 무극을 체로 하여 태극의 본연한 지혜 작용으로 능소가 비롯되려는 때이다.

여기서 말하는 삼은 태극의 본연한 지혜의 작용으로 능소가 분명해진 때이다. 이로부터 홀연히 삼라만상이 있게 되었다.

부록
도덕경 45장

위대한 완성은 모자란 것 같으나
그 씀은 다함이 없다.
크게 충만한 것은 빈 것 같으나
그 작용은 끝이 없다.

大成若缺 其用不弊 大盈若沖 其用不窮

대원선사 결문
大圓禪師 決文

45장 전체의 대의를 요약해서 말하면 무위
의 함을 말한 것이다. 곧 크게 깨달아 일 마
친 분은 함 없는 함으로 만사를 짓기 때문에
그 함은 다함도 없고 끝도 없다.

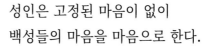

부록
도덕경 49장

성인은 고정된 마음이 없이
백성들의 마음을 마음으로 한다.

聖人無常心 以百姓之心爲心

대원선사 결문
大圓禪師 決文

금강경에 이르기를 "정한 법이 없다."라고
했다.
성현은 그때그때 상황에 따라 옳은 것을 취
해서 행할 뿐이다.

부록
도덕경 78장

천하에 물보다 더 부드럽고 약한 것은 없다.
그러나 굳고 강한 것을 부수는 데에도
능히 물보다 나은 것이 없다.
어떤 것도 물과 바꿀 만한 것이 없다.

天下莫柔弱於水 而攻堅强者 莫之能勝以其無
以易之

대원선사 결문
大圓禪師 決文

물 위에 손을 가만히 얹어놓아 보아라. 손이
저절로 물 속으로 가라앉을 것이다.
그러나 물을 손바닥으로 강하게 내리쳐보아
라. 물이 강하게 거부해 손이 물을 뚫고 들
어가지 못할 것이다.
사람이 이와 같은 원리를 잘 알아서 모든 일
을 지혜롭게 대처해가면 해결되지 않을 일
이 없다.

불조정맥

불조정맥

인 도

교조 석가모니불 (敎祖 釋迦牟尼佛)

 1 조 마하가섭 (摩訶迦葉)

 2 조 아난다 (阿難陀)

 3 조 상나화수 (商那和脩)

 4 조 우바국다 (優波毱多)

 5 조 제다가 (堤多迦)

 6 조 미차가 (彌遮迦)

 7 조 바수밀 (婆須密)

 8 조 불타난제 (佛陀難堤)

 9 조 복타밀다 (伏馱密多)

10조 파율습박(협) (波栗濕縛, 脅)

11조 부나야사 (富那夜奢)

12조 아나보리(마명) (阿那菩堤, 馬鳴)

13조 가비마라 (迦毗摩羅)

14조 나가르주나(용수) (那闕羅樹那, 龍樹)

15조 가나제바 (迦那堤波)

16조 라후라타 (羅睺羅陀)

17조 승가난제 (僧伽難提)

18조 가야사다 (迦耶舍多)

19조 구마라다 (鳩摩羅多)

20조 사야다 (闍夜多)

21조 바수반두 (婆修盤頭)

22조 마노라 (摩拏羅)

23조 학륵나 (鶴勒那)

24조 사자보리 (師子菩堤)

25조 바사사다 (婆舍斯多)

26조 불여밀다 (不如密多)

27조 반야다라 (般若多羅)

28조 보리달마 (菩堤達磨)

중 국

29조 신광 혜가 (2 조 神光 慧可)

30조 감지 승찬 (3 조 鑑智 僧璨)

31조 대의 도신 (4 조 大醫 道信)

32조 대만 홍인 (5 조 大滿 弘忍)

33조 대감 혜능 (6 조 大鑑 慧能)

34조 남악 회양 (7 조 南嶽 懷讓)

35조 마조 도일 (8 조 馬祖 道一)

36조 백장 회해 (9 조 百丈 懷海)

37조 황벽 희운 (10조 黃檗 希雲)

38조 임제 의현 (11조 臨濟 義玄)

39조 흥화 존장 (12조 興化 存獎)

40조 남원 혜옹 (13조 南院 慧顒)

41조 풍혈 연소 (14조 風穴 延沼)

42조 수산 성념 (15조 首山 省念)

43조 분양 선소 (16조 汾陽 善昭)

44조 자명 초원 (17조 慈明 楚圓)

45조 양기 방회 (18조 楊岐 方會)

46조 백운 수단 (19조 白雲 守端)

47조 오조 법연 (20조 五祖 法演)

48조 원오 극근 (21조 圓悟 克勤)

49조 호구 소륭 (22조 虎丘 紹隆)

50조 응암 담화 (23조 應庵 曇華)

51조 밀암 함걸 (24조 密庵 咸傑)

52조 파암 조선 (25조 破庵 祖先)

53조 무준 사범 (26조 無準 師範)

54조 설암 혜랑 (27조 雪岩 慧郎)

55조 급암 종신 (28조 及庵 宗信)

56조 석옥 청공 (29조 石屋 淸珙)

한 국

57조 태고 보우 (1 조 太古 普愚)

58조 환암 혼수 (2 조 幻庵 混脩)

59조 구곡 각운 (3 조 龜谷 覺雲)

60조 벽계 정심 (4 조 碧溪 淨心)

61조 벽송 지엄 (5 조 碧松 智儼)

62조 부용 영관 (6 조 芙蓉 靈觀)

63조 청허 휴정 (7 조 淸虛 休靜)

64조 편양 언기 (8 조 鞭羊 彦機)

65조 풍담 의심 (9 조 楓潭 義諶)

66조 월담 설제 (10조 月潭 雪霽)

67조 환성 지안 (11조 喚醒 志安)

68조 호암 체정 (12조 虎巖 體淨)

69조 청봉 거안 (13조 靑峰 巨岸)

70조 율봉 청고 (14조 栗峰 靑杲)

71조 금허 법첨 (15조 錦虛 法沾)

72조 용암 혜언 (16조 龍巖 慧言)

73조 영월 봉율 (17조 詠月 奉律)

74조 만화 보선 (18조 萬化 普善)

75조 경허 성우 (19조 鏡虛 惺牛)

76조 만공 월면 (20조 滿空 月面)

77조 전강 영신 (21조 田岡 永信)

78대 대원 문재현 (22대 大圓 文載賢)

농선 대원 선사님
인가 내력

농선 대원 선사님 인가 내력

제 1 오도송

이 몸을 끄는 놈 이 무슨 물건인가?
골똘히 생각한 지 서너 해 되던 때에
쉬이하고 불어온 솔바람 한 소리에
홀연히 대장부의 큰 일을 마치었네

무엇이 하늘이고 무엇이 땅이런가
이 몸이 청정하여 이러-히 가없어라
안팎 중간 없는 데서 이러-히 응하니
취하고 버림이란 애당초 없다네

하루 온종일 시간이 다하도록
헤아리고 분별한 그 모든 생각들이
옛 부처 나기 전의 오묘한 소식임을
듣고서 의심 않고 믿을 이 누구인가!

此身運轉是何物
疑端汨沒三夏來
松頭吹風其一聲
忽然大事一時了

何謂靑天何謂地
當體淸淨無邊外
無內外中應如是
小分取捨全然無

一日於十有二時
悉皆思量之分別
古佛未生前消息
聞者卽信不疑誰

농선 대원 선사님의 스승이신 불조정맥 제77조 조계종(曹溪宗) 전강(田岡) 대선사님께서 1962년 대구 동화사의 조실로 계실 당시 농선 대원 선사님께서도 동화사에 함께 머무르고 계셨다.

하루는, 전강 대선사님께서 대원 선사님의 3연으로 되어 있는 제1오도송을 들어 깨달은 바는 분명하나 대개 오도송은 짧게 짓는다고 말씀하셨다. 이에 대원 선사님께서는 제1오도송을 읊은 뒤, 도솔암을 떠나 김제들을 지나다가 석양의 해와 달을 보고 문득 읊었던 제2오도송을 일러드렸다.

제 2 오도송

해는 서산 달은 동산 덩실하게 얹혀 있고
김제의 평야에는 가을빛이 가득하네
대천이란 이름자도 서지를 못하는데
석양의 마을길엔 사람들 오고 가네

日月兩嶺載同模
金提平野滿秋色
不立大千之名字
夕陽道路人去來

제2오도송을 들으신 전강 대선사님께서는 이에
그치지 않고 그와 같은 경지를 담은 게송을 이
자리에서 즉시 한 수 지어볼 수 있겠냐고 하셨
다. 대원 선사님께서는 곧바로 다음과 같이 읊
으셨다.

바위 위에는 솔바람이 있고
산 아래에는 황조가 날도다
대천도 흔적조차 없는데
달밤에 원숭이가 어지러이 우는구나

岩上在松風
山下飛黃鳥
大千無痕迹
月夜亂猿啼

전강 대선사님께서는 위 송의 앞의 두 구를 들
으실 때만 해도 지그시 눈을 감고 계시다가 뒤
의 두 구를 마저 채우자 문득 눈을 뜨고 기뻐하
는 빛이 역력하셨다.
그러나 전강 대선사님께서는 여기에서도 그치
지 않고 다시 한 번 물으셨다.
"대중들이 자네를 산으로 불러내고 그중에 법성
(향곡 스님 법제자인 진제 스님. 동화사 선방에
있을 당시에 '법성'이라 불렸고, 나중에 '법원'으
로 개명하였다.)이 달마불식(達磨不識) 도리를
일러보라 했을 때 '드러났다'라고 답했다는데,
만약에 자네가 당시의 양무제였다면 '모르오'라
고 이르고 있는 달마 대사에게 어떻게 했겠는
가?"
대원 선사님께서 답하셨다.
"제가 양무제였다면 '성인이라 함도 서지 못하
나 이러-히 짐의 덕화와 함께 어우러짐이 더욱

좋지 않겠습니까?’ 하며 달마 대사의 손을 잡아
일으켰을 것입니다.”

전강 대선사님께서 탄복하며 말씀하셨다.

“어느새 그 경지에 이르렀는가?”

“이르렀다곤들 어찌 하며, 갖추었다곤들 어찌
하며, 본래라곤들 어찌 하리까? 오직 이러-할 뿐
인데 말입니다.”

대원 선사님께서 연이어 말씀하시자 전강 대선
사님께서 이에 환희하시니 두 분이 어우러진 자
리가 백아가 종자기를 만난 듯, 고수명창 어울
리듯 화기애애하셨다.

달마불식 공안에 대한 위의 문답은 내력이 있는
것이다. 전강 대선사님께서 대원 선사님을 부르
기 며칠 전에, 저녁 입선 시간 중에 노장님 몇
분만이 자리에 앉아있을 뿐 자리가 텅텅 비어
있었다고 한다.

대원 선사님께서 이상히 여기고 있던 중, 밖에
서 한 젊은 수좌가 대원 선사님을 불렀다. 그 수
좌의 말이 스님들이 모두 윗산에 모여 기다리고
있으니 가자고 하기에 무슨 일인가 하고 따라가
셨다.

그러자 그 자리에 있던 법성 스님이 보자마자 달마불식 법문을 들고 이르라고 하기에 지체없이 답하셨다.

"드러났다."

곁에 계시던 송암 스님께서 또 안수정등 법문을 들고 물으셨다.

"여기서 어떻게 살아나겠소?"

대뜸 큰소리로 이르셨다.

"안·수·정·등."

이에 좌우에 모인 스님들이 함구무언(緘口無言)인지라 대원 선사님께서는 먼저 그 자리를 떠나 내려와 버리셨다.

그 다음날 입승인 명허 스님께서 아침 공양이 끝난 자리에서 지난 밤 입선시간 중에 무단으로 자리를 비운 까닭을 묻는 대중 공사를 붙여 산중에서 있었던 일들이 낱낱이 드러나고 말았다. 그리하여 입선시간 중에 자리를 비운 스님들은 가사 장삼을 수하고 조실인 전강 대선사님께 참회의 절을 했던 일이 있었다.

전강 대선사님께서는 이때에 대원 선사님께서 달마불식 도리에 대해 일렀던 경지를 점검하셨던 것이다.

이런 철저한 검증의 자리가 있었던 다음 날, 전강 대선사님께서 부르시기에 대원 선사님께서 가보니 주지인 월산(月山) 스님께서 모든 것이 약조된 데에서 입회해 계셨으며 전강 대선사님께서는 곧바로 다음과 같이 전법게(傳法偈)를 전해주셨다.

전 법 게

부처와 조사도 일찍이 전한 것이 아니거늘
나 또한 어찌 받았다 하며 준다 할 것인가
이 법이 2천년대에 이르러서
널리 천하 사람을 제도하리라

佛祖未曾傳
我亦何受授
此法二千年
廣度天下人

덧붙여 이 일은 월산 스님이 증인이며 2000년까지 세 사람 모두 절대 다른 사람이 알게 하거나 눈에 띄게 하지 않아야 한다고 당부하셨다.

만약 그러지 않을 시에는 대원 선사님께서 법을
펴 나가는데 장애가 있을 것이라고 예언하셨다.
또한 각별히 신변을 조심하라 하시고 월산 스님
에게 명령해 대원 선사님을 동화사의 포교당인
보현사에 내려가 교화에 힘쓰게 하셨다.
대원 선사님께서 보현사로 떠나는 날, 전강 대
선사님께서는 미리 적어두셨던 부송(付頌)을 주
셨으니 다음과 같다.

부 송

어상을 내리지 않고 이러-히 대한다 함이여
뒷날 돌아이가 구멍 없는 피리를 불리니
이로부터 불법이 천하에 가득하리라

不下御床對如是
後日石兒吹無孔
自此佛法滿天下

위의 송의 '어상을 내리지 않고 이러-히 대한다
함이여'라는 첫째 줄 역시 내력이 있는 구절이다.
전에 대원 선사님께서 전강 대선사님을 군산 은

적사에서 모시고 계실 당시 마당에서 홀연히 마주쳤을 때 다음과 같은 문답이 있었다.
전강 대선사님께서 물으셨다.
"공적(空寂)의 영지(靈知)를 이르게."
대원 선사님께서 대답하셨다.
"이러-히 스님과 대담(對談)합니다."
"영지의 공적을 이르게."
"스님과의 대담에 이러-합니다."
"어떤 것이 이러-히 대담하는 경지인가?"
"명왕(明王)은 어상(御床)을 내리지 않고 천하 일에 밝습니다."
위와 같은 문답 중에 대원 선사님께서 답하신 경지를 부송의 첫째 줄에 담으신 것이다.

전강 대선사님께서 대원 선사님을 인가(印可)하신 과정을 볼 때 한 번, 두 번, 세 번을 확인하여 철저히 점검하신 명안종사의 안목에 탄복하지 않을 수 없으며 이에 끝까지 1초의 머뭇거림도 없이 명철하셨던 대원 선사님께 찬탄하지 않을 수 없다.
그리하여 법열로 어우러진 두 분의 자리가 재현된 듯 함께 환희용약하지 않을 수 없다.

이제 전강 대선사님과 약속한 2천년대를 맞이하였으므로 여기에 전법게를 밝힌다.
이로써 경허, 만공, 전강 대선사님으로 내려온 근대 대선지식의 정법의 횃불이 이 시대에 이어져 전강 대선사님의 예언대로 불법이 천하에 가득할 것이다.

21세기에
인류가 해야 할 일

21세기에 인류가 해야 할 일

이 사람은 1962년 26세 때부터 21세기에 인류에게 닥칠 공해문제, 에너지문제를 예견하고 대체에너지(무한원동기, 태양력, 파력, 풍력 등) 개발과 '울 안의 농법'을 연구하고 그 필요성을 많은 이들에게 이야기해 왔습니다.

당시에는 너무 시대를 앞서가는 이야기여서인지 일반인들이 수용하지 못하고 오히려 불신의 눈으로 바라보며 이 사람의 법마저 의심하였습니다. 하지만 현대에 있어서는 이것이 인류가 해결해야 할 가장 절박한 사안이 되어 있습니다.

'사막화방지 국제연대'를 설립한 것도 현재 인류가 해결해야 할 가장 절박한 지구환경문제를 이슈화시키고 그 해결책을 제시하여 재앙에 직면한 지구촌을 살리기 위해서입니다.

'사막화방지 국제연대'에서 추진하고 있는 사막화 방지, 지구 초원화, 대체에너지 개발은 온 인류가 발 벗고 나서서 해야 할 일입니다.

첫째 사막화 방지에 있어서 기존에 해왔던 '나무 심기 사업'은 천문학적인 예산과 많은 인력을 동원하고도 극도로 황폐한 사막화된 환경을 되살리는 데 실패하였습니다.

그래서 이 사람은 사막화 방지에 있어서는 '사막 해수로 사업'을 새로운 방안으로 제시하였습니다. 사막 해수로 사업은 사막화된 지역에 수도관을 매설하여 바닷물을 끌어들여서 염분에 강한 식물을 중심으로 자연생태계를 복원하는 사업입니다. 이것은 나무심기 사업으로 심은 나무들이 절대적으로 물이 부족하여 생존할 수 없었던 문제를 해결할 수 있는, 현재로서는 유일한 해결책입니다.

그러나 '사막화방지 국제연대'의 목적은 사막이 확장되는 것을 방지하자는 것이지 사막 전체를 완전히 없애자는 것은 아닙니다. 인체에서 심장이 모든 피를 전신의 구석구석까지 골고루 보내어 살아서 활동하게 하듯이 사막은 오히려 지구의 심장 역할을 하는 중요한 곳이기 때문입니다. 그래서 21세기에 있어서는 다만 사막의 확장을 방지할 뿐 아니라 사막을 어떻게 운용하느냐를 연구해야 합니다.

사막에 바둑판처럼 사방이 막힌 플륨관 수로를 설치하여 동, 서, 남, 북 어느 방향의 수로를 얼마만큼 채우느냐 비우느냐에 따라, 사막으로부터 사방 어느 방향으로든 거리까지 조절하여, 원하는 지역에 비를 내리게 하고 그치게 할 수 있습니다. 철저히 과학적인 데이터에 의해 이렇게 사막을 운용함으로써 21세기의 지구를 풍요로운 낙원시대로 만들어가야 합니다.

둘째로 지구를 초원화할 수 있는 방안으로서 3년간의 실험을 통해, 광활한 황무지 지역을 큰 비용을 들이거나 많은 인력을 동원하지 않고도 짧은 시간 내에 초지로 바꿀 수 있는 식물을 찾아냈습니다.

그것은 바로 '돌나물'입니다. 돌나물은 따로 종자를 심을 필요가 없이 헬리콥터나 비행기로 살포해도 생존, 번식할 수 있으며, 추위와 더위, 황폐한 땅에서도 살아남을 수 있는 생명력과 번식력이 강한 식물입니다.

지구환경을 되살리는 초지조성 사업에 있어서 이것이 큰 도움이 되리라 생각합니다.

셋째의 대체에너지 개발에 있어서는 태양력, 파력, 풍력 등 1962년도부터 이 사람이 연구하고 얘기해왔던 방법들이 이미 많이 개발되어 실용화한 단계에 있습니다.

이 세 가지 일은 한 개인이나 한 국가가 할 수 있는 일이 아닙니다. 모든 국가가 앞장서서 전 세계적인 사업으로 이루어져야 합니다. 모든 국가가 함께 한 기금조성이 이루어져야 하고 기금조성에 참여한 국가는 이 시스템에 의한 전면적인 혜택을 입을 수 있도록 해야 합니다.

인류 모두가 지혜를 모아 이 일에 전력을 다한다면 인류는 유사 이래 가장 좋은 시절을 맞이하게 될 것이며, 만약 이 일을 남의 일인 양 외면한다면 극한의 재앙을 면할 수 없을 것입니다.

이 사람이 오래 전부터 얘기해왔던 '울 안의 농법'은 이미 미국 라스베이거스(Las Vegas)에서 30층짜리 '고층 빌딩 농장'으로 구현되었습니다. 그렇게 크게도 운영될 수 있지만 각자 자신의 집에서 이루어지는 '울 안의 농법'도 필요합니다.

21세기에 있어서 또 하나 인류가 만일의 사태를 대비해서 연구, 추진해야 될 일이 있다면 바닷속에서의 수중생활, 수중경작입니다.

지구가 심하게 온난화될 경우, 공기가 너무 많이 오염될 경우, 바닷물이 높아져 살 땅이 좁아질 경우 등에 대비할 때, 인류는 우주에서의 삶보다는 바닷속에서의 삶을 준비해야 합니다. 왜냐하면 그것이 훨씬 수월하고 비용도 절감할 수 있기 때문입니다.

이렇게 깨달은 이는 이변적으로는 깨달음을 얻게 하여 영생불멸의 삶을 영위할 수 있도록 만인을 이끌어야 하며 사변적으로는 일반인이 예측할 수 없는 백 년, 천 년 앞을 내다보아 이를 미리 앞서 대비하도록 만인의 삶을 이끌어줘야 한다고 생각합니다.

불법의 뜻은 다만 진리 전수에만 있는 것이 아니니, 만인이 서로 함께 영원한 극락을 누릴 때까지 물심양면으로, 이사일여로 베풀어 교화해야 하기 때문입니다.

가슴으로 부르는
불심의 노래

여기에 실린 것들은 모두 농선 대원 선사님께서 직접
작사하신 곡들이다.

수행의 길로 들어서게끔 신심, 발심을 북돋아주는 곡
으로부터 수행의 길로 접어든 이의 구도의 몸부림이
담겨있는 곡, 대승의 원력을 발해서 교화하는 보살의
자비심과 함께 낙원세계를 누리는 풍류를 그려놓은
곡까지 가사 한마디, 한마디가 생생하여 그 뜻이 뼛
속 깊이 새겨지고 그 멋에 흠뻑 취하게 된다.

농선 대원 선사님께서는 거칠고 말초적인 요즘의 노
래를 듣고 이러한 정서를 순화시키고자, 또한 수행의
마음을 진작시키고자 하는 뜻에서 이 곡들을 작사하
셨다.

가슴으로 부르는 불심의 노래 목록

서 원 가

작사 문재현
작곡 배신영
노래 홍노경

느리게

참나를깨달아서 보림을하고 다가올내앞날의
보살의가는길이 험난타해도 맹세코초지일관
중생이끝이없다 말들을해도 보현의만행다해

서 원 이 라 네 기어코육바라밀 성 취 를 하 여 –
서 원 이 라 네 구류를그릇따라 깨 닫 게 하 여 –
제 도 를 하 여 유정과무정모두 다 한 그 날 이

불보살님큰은-혜 – 에 보 – 답 하 – 면서
스승님의큰은-혜 – 에 보 – 답 하 – 면서
삼보님의큰은-혜 – 를 갚 – 는 날 – 이 니

영원히구제의길 나 는 – 가 리 – 라
영원히구제의길 나 는 – 가 리 – 라
영원히구제의길 나 는 – 가 리 – 라

Fine

반조 염불가

작사 문재현
작곡 배신영
노래 홍노경

느리게

소중한 삶

작사 문재현
작곡 배신영
노래 홍노경

석가모니불

작사 문재현
작곡 배신영
노래 홍노경

국악가요

석가 모니 불 -
석가 모니 불 -

거룩한- 석가 모니불- 하늘땅에 - 유일한- 님 이기 에 우러
거룩한- 석가 모니불- 하늘땅에 - 유일한- 님 이기 에 우러

러 간절 하게- 기도하 면 내 소원이루어 지지요- 탐 - 욕
러 가 르 침을- 따른다 면 언제나행복하 지 요- 선 - 법

을- 보시로 다 스 려 서 행- 하 고 진- 심을- 인
을- 깨달아 생활화를 함으로 써 이- 세 상- 이

욕으로-실천하면우- 리 바-라 는 그 세-상- 활 짝-열리네- 불- 법의
대로를-낙원으로님- 이 바-라신 그 소-원- 꽃 을-피우리- 불- 법의

진 리 깨달으면 - 함 없-는- 함-으로- 님의은혜갚으-
진 리 깨달으면 - 함 없-는- 함-으로- 님의은혜갚으-

리 석가-모 니 불- 우 리- 부 처- 님-
리 석가-모 니 불- 우 리- 부 처- 님-

Fine

맹서의 노래

작사 문재현
작곡 배신영
노래 홍노경

느리게

염원의 노래

작사 문재현
작곡 배신영
노래 홍노경

느리게

159

음성공양

작사 문재현
작곡 배신영
노래 홍노경

느리게

발심가

작사 문재현
작곡 배신영
노래 홍노경

보사노바

1-2절 D.C

3-4절

자비의 품

작사 문재현
작곡 배신영
노래 홍노경

느리게

162

부처님 은혜 1

작사 문재현
작곡 배신영
노래 홍노경

느리게

보살의 마음

작사 문재현
작곡 배신영
노래 홍노경

느리게

이 생에 해야 할일

작사 문재현
작곡 배신영
노래 홍노경

구도의 목표

작사 문재현
작곡 배신영
노래 홍노경

느리게

눈 뜨면 관음 우러러 보문을 따르며 - 하

루 하 루 를 최 선 - 다 하는일 에

언제나 떳떳한불자 로 서원코큰은혜갚는 보 살 - 행 -

대자대 비 를- 베 - 풀어 어느때 어느곳 그 무엇- 가리지않는

이 - 로 - 제 - 일의 - 사 표가 될 것을 목표로삼 을

겁 니 다 아 아 사 바 의 세 계 가

다 하는 - 그 날 까 지

Fine

166

님은 아시리

작사 문재현
작곡 배신영
노래 홍노경

Moderato ♩ = 100

A F#m　D/F#　E　C#7　F#m

Bm　A　C#7　F#m　F#/A#　Bm

A　C#7　F#m　**B** F#m　C#/F　F#m　Eb

사 계 절 의 - 풍 광 인 들 - 위 로 되 겠 니 -
같 이 되 지 않 아 - 기 도 에 - 젖 은

F#m　F#/A#　**1.** Bm7　F#m　A　G#m7(b5)　C#7

- 서 사 시 의 - 음 률 인 들 - 쉬 - 어 지 - 겠 - 니 - 뜻 과
이

2. Bm7　A　C#7　F#m　𝄋 F#7

마 음 - 님 - 은 - 아 - 시 - 리 - 한 세 상 열
청 춘 의 모

Bm7　A　D　C#7　F#7　Bm7

정 쏟 - 아 닦 는 수 행 길 - 불 보 살 님 출 현 하 셔 베
든 욕 - 망 사 뤄 버 리 고 - 회 광 반 조 촌 각 아 낀 열

F#m　C#7　F#m　C#7　F#m　E

푼 자 - 비 에 - 모 든 망 상 - 모 - 든 번 -
정 쏟 - 아 서 - 이 룬 선 정 - 그 효 력 -

A　Bm7　F#m　A　C#7　F#m　Bm7

뇌 없 었 으 면 좋 으 련 만 마 음 대 로 - 안 되 는 게 - 수 행 이 더
이 있 었 으 면 좋 으 련 만 마 음 대 로 - 안 되 는 게 - 보 림 이 더

C#7　F#m　⊕ F#m　Bm7　C#7　F#m

D.S. al Coda

라 수 행 이 더 라 - 마 음 대 로 - 안 되 는 게 - 수 행 이 더 라 수 행 이 더 라 -
라 보 림 이 더 라 -

Fine

167

부처님 은혜 2

작사 문재현
작곡 배신영
노래 홍노경

느리게

성중성인 오셨네

(초파일노래)

작사 문재현
작곡 배신영
노래 홍노경

음력 사월 초－파일은 － 온 누리의 제－일이신 － 성 중
음력 사월 초－파일은 － 온 누리의 제－일이신 － 성 중

성 인－부－처 님이－ 이 땅 위에 오－신 날－ 괴로
성 인－부－처 님이－ 이 땅 위에 오－신 날－ 너를

움 을 낙원 으－로－ 어 두 움을－ 광 명 으－ 로 바꾸
알 란 그 가르－침 － 펼 치 려고－ 오 심 이－ 니 자 아

려 － 는 숙－원－을 시 작 하 신 날－ 너 나 없 이 모 두
완 － 성 이룩－ 해 우 리 이 땅 － 이 대 로 를 낙 원

함 께－ 경 축 하 세 모 두 함 께 경 축 하－ 세 － 모 두
으 로－ 누 려 보 세 낙 원 으 로 누 려 보－ 세 －

함 께 경 축 하 － 세 －

169

내 문제는 내가 풀자

작사 문재현
작곡 배신영
노래 홍노경

즐거운 밤

작사 문재현
작곡 배신영
노래 홍노경

산 사의 - 연 - 등 불빛 - 아롱다롱 - 한들한들 -

그윽한 울림속의 - 모두가 정 - 성 -

맘 모은 축하속 꿈실은 - 발원의 미 소를 지으며

즐겁게 노래하면 - 아롱다롱 연등불도 흥겨웁고 - 자비

한 여래품의 포근한 이한밤

을 석가모니불 - 석가모니불 - 나 -

무 석 - 가 - 모 니 - 불 -

Fine

171

관음가

작사 문재현
작곡 배신영
노래 홍노경

조금빠르게 ♩ = 130

꽃을 보아도 먼 산을보아도 그리움그리움이 - 더해-

진 관세 - 음 관 세 - 음 은-

포근한 아 - 아 - 품이 - 랍 - 니 - 다-

기쁠 때에 도 어 - 려울 때에 도 자애

로 다 가 오셔 - 서 힘 - 이 되 -

신 관 세음 관세음은- 포 근 한 - 품 - 이 랍 니

- 다 - Fine

172

부 처 님

작사 문재현
작곡 배신영
노래 채연희

Slow GoGo ♩ = 80

이 슬방울 의 아 침햇빛보다 -

영 롱한 님이 시 고 - 금 구슬에 - 반 짝이는 -

빛 보 다 아 름 다운님이 시 며 -

보 석 의 찬란한 빛 보 다 눈 부 신 님이시기 에 생 각

만 하여도 설레이 고 이 름 만 들어도 행 복 한 님

영 원 한 우 리들의 님 이 십 - 니 - 다

173

열반재일

작사 문재현
작곡 배신영
노래 채연희

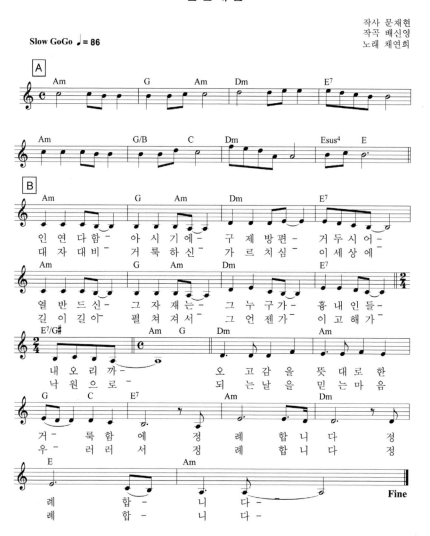

174

성도재일

작사 문재현
작곡 배신영
노래 채언희

찬양합니다 찬양합니다 도 이루심 찬양합니 다
맹세합니다 맹세합니다 부처님의 뒤를 이어 서

이 세상에 그 어떤 - 일인들 이보다 기쁘고 거룩한 일
생 사고통 영원히 - 면하 게 이끄신 봉화 의 바른 불빛

있 - 으 - 리 그 옛 날의 오늘 이룬
지 - 혜 - 로 어둔 그늘 모두 밝혀

부 처 님의 광명지혜 없 었 다 - 면
부 처 님의 세상으로 바꿔놓 - 는

중 생들 - 이 생 사고통 면 할 길을
그 일에 - 서 제 일 가는 모 습 보여

감 히 어찌 알 았으리 감 사합 니 다
부 처 님의 은혜 갚음 지 켜보 소 서

감 사 합 니 다
지 켜 보 소 서

175

석굴암의 노래

작사 문재현
작곡 배신영
노래 채연희

그윽히 내려 트인 높고높은산기슭에
태초의 이마 음이 무명으로경계 이뤄

명월보다밝은 모습 근엄도 하 서 라 뵈옵
꿈의세상이어 져서 이런삶됐 지 만 거룩

는 그 순간 티끌번뇌 사 라 지 니 한 없
한 가르침 깊이새 긴 실천으 로 일 상

이 고요하 여 지-순한 마음일 세 이마음
의 시시때 때 생활화 가 되는그 날 이세상

속세에 있을때 도 지속되 면 거치른 이세상도 태평세
이대로가 정-토 의 세상되 어 노래와 춤으로써 길이길

간주

계 될것일 세
이 즐길걸 세

님의 모습

작사 문재현
작곡 배신영
노래 채연회

무 지 개 를   타 - 고 나 - 툰 - 모 -
나 에 게 서   깨 - 워 주 - 신 - 모 -
그 대 로 가   유 - 마 북 - 연 - 마 -

습
습
음

Fine

믿고 따르세

작사 문재현
작곡 배신영
노래 채연희

신명을 다하리

작사 문재현
작곡 배신영
노래 채연희

부처님께 바치는 마음

작사 문제현
작곡 배신영
노래 채연희

감사합니다

작사 문재현
작곡 배신영
노래 채연희

감사합니다 환영합니다 이 땅 위에 오신 것을 -
나를 깨우려 대자대비로 이 땅 위에 오셨기에 -

축하합니다 경축합니다 성 중 성 인 오신 것을 -
우리 모두가 감사함으로 우 러 러 서 받듭니다 -

손에 손을 - 서로 잡고 - 모 두 함께 즐거워서 -
손에 손을 - 서로 잡고 - 노 래 하 고 춤을 추며 -

발걸음도 - 가벼웁게 - 춤 을 춥 - 니 다 -
나 날 마 다 - 오 늘 같 길 - 기 도 합 - 니 다 -

춤 을 춥 - 니 다 -
기 도 합 - 니 다 -

To - A ② no rep

교 화 가

작사 문재현
작곡 배신영
노래 채연희

구 제 를 할 때 –
교 화 를 할 때 –
노 래 를 하 며 –

갗 은 방 편 어 려 움 도
제 안 경 에 갗 은 시 비
춤 을 추 는 이 환 회 를

웃 어 넘 는 스 – 승 님 –
웃 어 넘 는 스 – 승 님 –
함 께 하 잔 스 – 승 님 –

1.2 = 1절 3 = 2절

섬진강 소초

작사 문재현
작곡 배신영
노래 채연희

권 수 가 1

작사 문재현
작곡 배신영
노래 채연희

Bounce ♩ = 120

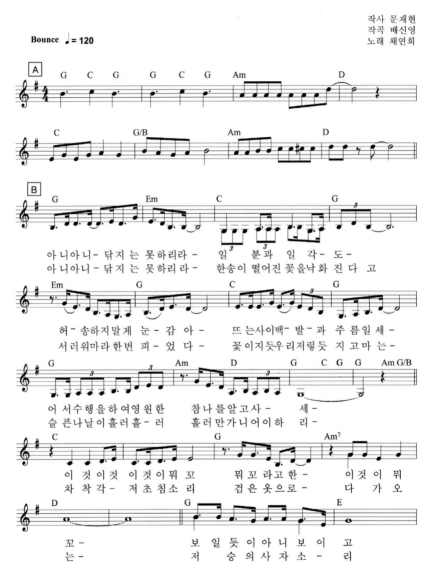

아 니 아 니 닦 지 는 못 하 리 라 - 일 분 과 일 각 - 도 -
아 니 아 니 닦 지 는 못 하 리 라 - 한 송 이 떨 어 진 꽃 을 낙 화 진 다 고

허 - 송 하 지 말 게 눈 - 감 아 - 뜨 는 사 이 백 - 발 - 과 주 름 일 세 -
서 러 워 마 라 한 번 피 - 었 다 - 꽃 이 지 듯 우 리 저 렇 듯 지 고 마 는 -

어 서 수 행 을 하 여 영 원 한 참 나 를 알 고 사 - 세 -
슬 픈 나 날 이 흘 러 흘 - 러 흘 러 만 가 니 어 이 하 리 -

이 것 이 것 이 것 이 뭐 꼬 뭐 꼬 라 고 한 - 이 것 이 뭐
차 착 각 - 저 초 침 소 리 검 은 옷 으 로 - 다 가 오

꼬 - 보 일 듯 이 아 니 보 이 고
는 - 저 승 의 사 자 소 - 리

186

이룰듯하다가 놓쳤으니 - 하루하루가 태산만같게
어찌아니 슬플쏜가 - 숙 - 명적인 인과라해도

커져만 - 가는게 의심일세 - 얼씨구나 좋 다 -
극복해 - 넘기에 어려웁네 - 얼씨구나 좋 다 -

지 화 자 좋 네 - 아니닦지 는 -코러스-
지 화 자 좋 네 - 아니닦지 는

못 - 하 리 - 라 -
못 - 하 리 - 라 -

Fine

권 수 가 2

작사 문재현
작곡 배신영
노래 채연희

Bounce ♩ = 120

아니아니- 닦지 는 못하리라 - 적 적요요달밝 은- 밤 - 에 -
아니아니- 닦지 는 못하리라 - 어지러운번 뇌- 망 - 상-

단정히 눈 을감 은 깊 은삼 매 - 대상없는낙에취 해 짓 는미 소 -
털 - 고 이룬보리마음모 든 속박 - 다떨치고호연지기를 누 리 는데 -

한산습득이 즐겨누리 는 그낙이아니던 - 가 -
송죽 바람 솔솔향 기 그윽하고 - 그윽하 네 -

모 두들 - 저런낙을 - 누 리 려거든 - 닦 고 닦
산 새도 - 노래하니 - 너 도좋고 - 나 도좋

소 - 삼 세모 든불보 살 님 도
다 - 삼 세제 불무현금 - 에

188

두타의수행을 인내로써　하루하루를　수행해왔던
역 - 대조 - 사　무공적의　명 - 월삼경　이좋은밤을

결실로 - 얻어진 과위라네　얼씨구나 좋다
두둥실 - 두둥실 즐겨보세　얼씨구나 좋다

지 화 자 좋 네　아니닦지는
지 화 자 좋 네　아니닦지는
- 코러스 -

못 - 하 리 - 라
못 - 하 리 - 라
Fine

189

우란분재일

작사 문재현
작곡 배신영
노래 채연희

우 란 분 재 맞 - 이 해 서 대 자 대 비 - 부 처 - 님 을
정 성 어 린 마 - 음 으 로 이 고 득 락 - 비 옵 - 나 니

이 자 - 리 에 청 해 모 서 다 생 부 모 왕 생 극 락
세 상 - 애 착 모 두 끊 고 부 처 님 의 그 세 상 에

정 성 다 한 맘 입 니 다 지 혜 짧 아 못 - 미 쳐 서
나 시 기 만 원 합 니 다 다 생 겁 에 경 - 험 - 하 신

중 한 은 혜 입 - 고 서 도 보 은 보 답 못 하 고 서
부 질 없 는 몸 - 종 노 롯 그 허 망 을 떨 침 만 이

이 생 까 지 이 - 른 것 을 머 리 - 숙 여 부 처 님 께
윤 회 고 를 벗 - 어 나 는 길 이 - 오 니 그 리 되 길

참 회 합 니 - 다 참 회 - 합 니 - 다
비 옵 나 이 - 다 비 옵 - 나 이 - 다

Fine

고맙습니다

작사 문재현
작곡 배신영
노래 채연희

믿음으로 여는 세상

작사 문재현
작곡 배신영
노래 채연희

Slow ♩ = 76

우리들모두가 부처님의지해 - 활짝열린가슴으로 써
우리들모두가 참선을할때는 - 모두비워명경지수 로

다같이도와서 - 살아들간 - 다면 훈풍같은앞날이리 라
참나를관조해 - 실경에사 - 무처 깨달아서활짝웃는 날

아 - 즐 - 겁게 즐겁게마 - 음을 다스려참모습을 이루노라 면
아 - 즐 - 겁게 즐겁게법 - 담을 함으로꽃피울걸 맹세를하 고

정 - 토의세상이 우 리를맞 - 으리 우리모두기도합시
정 - 진에정진을 정 진에정 - 진을 우리모두실천합시

다 다같이기도합시 - 다
다 다같이실천합시 - 다

Fine

출가재일

작사 문재현
작곡 배신영
노래 채연회

염 원

작사 문재현
작곡 배신영
노래 채연희

우리네 삶, 고운 수로

작사 문재현
작곡 배신영
노래 채연희

숲속의 마음

작사 문재현
작곡 배신영
노래 채연희

Disco ♩ = 120

A F   Dm   Gm   C

F   B♭   C   F

B F   Dm   Gm   F

푸 른 숲 - 속 의   고 색 짙 은 절 찾 아
깊 고 그 - 윽 한   산 사 찾 아 온 마 음
사 람 다 - 움 을   생 각 하 며 걷 는 길

F   B♭   Dm   F

라 - 라 -   친 구 들 과   굽 이 굽 이
라 - 라 -   친 구 들 과   사 색 하 는
라 - 라 -   친 구 들 과   주 고 받 는

C   F   C   Dm

걷 는 길 가   계 곡 물 도   반 - 기 는
가 부 좌 에   관 음 보 살   미 - 소 를
오 늘 의 말   길 가 별 도   조 - 용 한

C   F   Gm   F

소 리 좋 고 도 좋 아   콧 - 노 래   응 -
짓 고 좋 고 도 좋 아   나 - 는 야   응 응 -
미 소 좋 고 도 좋 아   맘 - 노 래   응 -

C   F

새 들 도 합 창 을 하 네 **Fine**
마 음 꽃 활 짝 피 었 네 네
숲 길 도 어 깨 춤 추 네

196

사 색

작사 대원 문재현
작곡 배신영

조 용 — 히 눈 — 감 고 — 서   참 — 나를살펴 — 봐 요
조 용 — 한 사 — 색으 — 로   깨 — 달아살펴 — 보 면

갖 은 생 각 모 든 행 이   이 로좇아 있건 만 — 은
온 갖 지 혜 모 든 덕 이   이 로좇아있 — 음 — 에

색깔도모양도없 어 알 — 고파서 사 색일세 모든걸내려놓고 —
그능력베풀고펼 쳐 누 — 리려고 수 행일세 모두를다비우고 —

쉬는시 간사 색으 로 한 걸음또한걸음 다가서는노력다해 기어이성취하여
님의자 취따름으 로 한 걸음또한걸음 극락세계다가가서 기어이성취하여

낙 원 의 — 삶 — 누 리 려   네
너 나 없 — 이 — 누 려 보   세

197

천부경을 아시나요

작사 대원 문재현
작곡 배신영

우리조상 깊 — 은진리 천부경을아시나 요
바른진리 깨 — 달아서 이세상을바로봐 요

여든 — — 한 — 자속에 누 리의 — 온이 — 치 — 를
마음 — — 의 능 — 력으로 펼 쳐놓은장엄 — 이 — 라

남 김없이 — 담 으셨 — 네 — 필부의사내 — 라 도
화 려하고 — 아 름답 — 네 — 이 땅인이대 — 로 가

마 음을 — 갈 고닦 — 아 영원 한참 — 나 깨 — 쳐
낙 원의 — 세 계이 — 니 노래 와춤 — 으로 — 써

환 인 — 큰 은혜에 보 답 — 해사 — 세
어 깨 — 동 무하고 영 원 — 히사 — 세

198

보 살 가

작사 대원 문재현
작곡 김동환

너무느리지않게 ♩ = 80

세상사에어 울린 구 제의길

어려움도웃어넘긴 이 마음을   흰 구름너도알리 라

성불의보리과를 이루기위해   두타의수행으로 써

이세계저세계서 닦았던보현행을 영원히펼치 ─ 리

도서출판 문젠의 도서들

도서출판 문젠(Moonzen Press)의 책들

1. 바로보인 전등록 (전30권을 5권으로)

7불과 역대 조사의 말씀이 1,700공안으로 집대성되어 있는 선종 최고의 고전으로, 깨달음의 정수가 살아 숨쉬도록 새롭게 번역되었다.

464 464 472 448 432 쪽
각권 18,000원

2. 바로보인 무문관

황룡 무문 혜개 선사가 저술한 공안집으로 전등록, 선문염송, 벽암록 등과 함께 손꼽히는 선문의 명저이다.
본칙 48개와 무문 선사의 평창과 송, 여기에 역저자인 대원 선사의 도움말과 시송으로 생명과 같은 선문의 진수를 맛보여 주고 있다.

272쪽 12,000원

3. 바로보인 벽암록

설두 선사의 설두송고를 원오 극근 선사가 수행자에게 제창한 것이 벽암록이다. 이 책은 본칙과 설두 선사의 송, 대원 선사의 도움말과 시송으로 이루어져, 벽암록을 오늘에 맞게 바로 보이고 있다.

456쪽 15,000원

4. 바로보인 천부경

우리 민족 최고(最古)의 경전 천부경을 깨달음의 책으로 새롭게 바로 보였다. 이 책에는 81권의 화엄경을 81자에 함축한 듯한 천부경과, 교화경, 치화경의 내용이 함께 담겨 있으며, 역저자인 대원 선사가 도움말, 토끼뿔, 거북털 등으로 손쉽게 닦아 증득하는 문을 열어놓고 있다.

432쪽 15,000원

5. 바로보인 금강경

대원 선사의 『바로보인 금강경』은 국내 최초로 독창적인 과목을 내어 부처님과 수보리 존자의 대화 이면의 숨은 뜻을 드러내고, 자문과 시송으로 본문의 핵심을 꿰뚫어 밝혀, 금강경 전체를 손바닥 안의 겨자씨를 보듯 설파하고 있다.

488쪽 15,000원

6. 세월을 북채로 세상을 북삼아

대원 선사의 선시가 담긴 선시화집 『세월을 북채로 세상을 북삼아』는 선과 시와 그림이 정상에서 만나 어우러진 한바탕이다. 선의 세계를 누리는 불가사의한 일상의 노래, 법열의 환희로 취한 어깨춤과 같은 선시가 생생하고 눈부시게 내면의 소리로 흐른다.

180쪽 15,000원

7. 영원한 현실

애매모호한 구석이 없이 밝고 명쾌하여, 너무도 분명함에 오히려 그 깊이를 헤아리기 어려운, 대원 선사의 주옥같은 법문을 모아 놓은 법문집이다.

400쪽 15,000원

8. 바로보인 신심명

신심명은 양끝을 들어 양끝을 쓸어버리는, 40대치법으로 이루어진, 3조 승찬 대사의 게송이다. 이를 대원 선사가 바로 번역하는 것은 물론, 주해, 게송, 법문을 더해 통쾌하게 회통하고 자유자재 농한 것이 이 『바로보인 신심명』이다.

296쪽 10,000원

9. 바로보인 환단고기 (전5권)

『바로보인 환단고기』1권은 민족정신의 정수인 환단고기의 진리를 총정리하여 출간하였다. 2권에는 역사총론과 태초에서 배달국까지 역사가 실려 있으며, 3권은 단군조선, 4권은 북부여에서부터 고려까지의 역사가 실려 있다. 5권에는 역사를 증명하는 부록과 함께 환단고기 원문을 실었다.

344 368 264 352 344 쪽
각권 12,000원

10. 바로보인 선문염송 (전30권)

선문염송은 세계최대의 공안집이다. 전 공안을 망라하다시피 했기에 불조의 법 쓰는 바를 손바닥 들여다보듯 하지 않고 는 제대로 번역할 수 없다. 대원 선사는 전 공안을 바로 참구할 수 있게끔 번역하 고 각 칙마다 일러보였다.

352 368 344 352 360 360 400 440 376 392 384 428 410 380 368 434 400 404 406 440 424 460 472 456 504 528 488 488 480 512쪽 각권 15,000원

11. 앞뜰에 국화꽃 곱고 북산에 첫눈 희다

대원 선사의 선문답집으로 전강 · 경 봉 · 숭산 · 묵산 선사와의 명쾌한 문답을 실었으며, 중앙일보의 〈한국불교의 큰스 님 선문답〉 열 분의 기사와 기자의 질문에 대한 대원 선사의 별답을 함께 실었다.

200쪽 5,000원

12. 바로보인 증도가

선종사에 사라지지 않을 발자취로 남은 영가 선사의 증도가를 대원 선사가 번역 하고 법문과 송을 더하였다. 자비의 방편인 증도가의 말씀을 하나하나 쳐가는 선사의 일갈이야말로 영가 선사의 본 의중과 일치하여 부합하는 것이라 아 니할 수 없다.

376쪽 10,000원

13. 바로보인 반야심경

이 시대의 야부(冶父)선사, 대원 선사가
최초로 반야심경에 과목을 붙여 반야심경
내면에 흐르는 뜻을 밀밀하게 밝혀놓고
거침없는 송으로 들어보였다.

264쪽 10,000원

14. 선禪을 묻는 그대에게 (전10권 중 2권)

대원 선사의 선수행에 대한 문답집.
깨달아 사무친 경지에 대한 밀밀한 점검
과, 오후보림에 대한 구체적인 수행법 제
시와, 최초의 무명과 우주생성의 원리까
지 낱낱이 설한 법문이 담겨 있다.

280 272쪽 각권 15,000원

15. 바로보인 선가귀감

선가귀감은 깨닫고 닦아가는 비법이 고스
란히 전수되어 있는 선가의 거울이라 할
만하다. 더욱이 바로보인 선가귀감은 매
소절마다 대원 선사의 시송이 화살을 과
녁에 적중시키듯 역대 조사와 서산대사의
의중을 꿰뚫어 보석처럼 빛나고 있다.

352쪽 15,000원

16. 바로보인 법융선사 심명

심명 99절의 한 소절, 한 소절이 이름 그대로 마음에 새겨두어야 할 자비광명들이다. 이 심명은 언어와 문자이면서 언어와 문자를 초월한 일상을 영위하게 하는 주옥 같은 법문이다.

 278쪽 12,000원

17. 주머니 속의 심경

반야심경은 부처님이 설하신 경 중에서도 절제된 경으로 으뜸가는 경이다. 대원 선사의 선송(禪頌)도 그 뜻을 따라 간략하나 선의 풍미를 한껏 담고 있다. 하루에 한 소절씩을 읽고 참구한다면 선 수행의 지름길이 될 것이다.

 84쪽 5,000원

18. 바로보인 법성게

법성게는 한마디로 화엄경의 핵심부를 온통 훤출히 드러내놓은 게송이다. 짧은 글 속에 일체의 법을 이렇게 통렬하게 담아놓은 법문도 드물 것이다.
이렇게 함축된 법성게 법문을 대원 선사가 속속들이 밀밀하게 설해놓았다.

176쪽 10,000원

19. 달다 - 전강 대선사 법어집

이제는 전설이 된 한국 근대선의 거목인 전강 선사님의 최상승법과 예리한 지혜, 선기로 넘쳤던 삶이 생생하게 담겨 있는 전강 대선사 법어집 〈 달다 〉!
전강 대선사님의 인가 제자인 대원 선사가 전강 대선사님의 법거량과 법문, 일화를 재조명하여 보였다.

368쪽 15,000원

20. 기우목동가

그 뜻이 심오하여 번역하기 어려웠던 말계 지은 선사의 기우목동가!
대원 선사가 바른 뜻이 드러나도록 번역하고, 간결한 결문과 주옥같은 선송으로 다시 보였다.

146쪽 10,000원

21. 초발심자경문

이 초발심자경문은 한문을 새기는 힘인 문리를 터득하게 하기 위하여 일부러 의역하지 않고 직역하였다.
대원 선사의 살아있는 수행지침도 실려 있다.

266쪽 10,000원

22. 방거사어록

방거사어록은 선의 일상, 선의 누림을 보
여주는 대표적인 선문이다. 역저자인 대
원 선사는 방거사어록의 문답을 '본연의
바탕에서 꽃피우는 일상의 함'이라 말하
고 있다. 법의 흔적마저 없는 문답의 경지
를 온전하게 드러내 놓은 번역과, 방거사
와 호흡을 함께 하는 듯한 '토끼뿔'이 실
려 있다.

306쪽 15,000원

23. 실증설

이 책의 모태는 대원 선사가 2010년 2월
14일 구정을 맞이하여 불자들에게 불법의
참뜻을 보이기 위해 홀연히 펜을 들어 일
시에 써내려간 이 책의 3부이다. 실증한
이가 아니고는 설파할 수 없는 일구 도리
로 보인 이 3부와 태초로부터 영겁에 이르
는 성품의 이치를 문답과 인터뷰 법문으로
낱낱이 설한 1, 2를 보아 실증하기를…

224쪽 10,000원

24. 하택신회대사 현종기

육조대사의 법이 중국천하에 우뚝하도록
한 장본인, 하택신회대사의 현종기. 세간
에 지해종도로 알려져 있는 편견을 불식시
키는 뛰어난 깨달음의 경지가 여기에 담겨
있다. 대원 선사가 하택신회대사의 실경지
를 드러내고 바로보임으로써 빛냈다.

232쪽 10,000원

25. 불조정맥 - 韓·英·中 3개국어판

석가모니불로부터 현 78대에 이르기까지 불조정맥진영(佛祖正脈眞影)과 정맥전법게(正脈傳法偈)를 온전하게 갖춘 최초의 불조정맥서. 대원 선사가 다년간 수집, 정리하여 기도와 관조 끝에 완성한 『불조정맥』을 3개국어로 완역하였다.

216쪽 20,000원

26. 바른 불자가 됩시다

참된 발심을 하여 바른 신앙, 바른 수행을 하고자 해도, 그 기준을 알지 못해 방황하는 불자님들을 위해 불법의 바른 길잡이 역할을 하도록 대원 선사가 집필하여 출간하였다.

162쪽 10,000원

27. 누구나 궁금한 33가지

21세기의 인류를 위해 모든 이들이 가장 어렵고 궁금해 하는 문제, 삶과 죽음, 종교와 진리에 대한 바른 지표를 제시하고자 대원 선사가 집필하여 출간하였다.

180쪽 10,000원

28. 108진참회문 - 韓 · 英 · 中 3개국어판

전생의 모든 악연들이 사라져 장애가 없어지고, 소망하는 삶을 살게 하기 위해 대원 선사가 10계를 위주로 구성한 108 항목의 참회문이다. 한 대목마다 1배를 하여 108배를 실천할 것을 권한다.

170쪽 15,000원

29. 달마의 일할도 허락지 않는다

대원 선사의 짧고 명쾌한 법문집.
책을 잡는 순간 달마의 일할도 허락지 않는 선기와 맞닥뜨리게 될 것이다. 때로는 하늘을 찌를 듯한 기세와, 때로는 흔적 없는 공기와도 같은 향기를 일별하기를…

190쪽 10,000원

30. 마음대로 앉아 죽고 서서 죽고

생사를 자재한 분들의 앉아서 열반하고 서서 열반한 내력은 물론 그분들의 생애와 법까지 일목요연하게 수록해놓았다.

446쪽 15,000원

31. 화두 3개국어판 - 韓 · 英 · 中

『화두』는 대원 선사의 평생 선문답의 결정판이다. 생생하게 살아있는 선(禪)을 한·영·중 3개국어로 만날 수 있다. 특히 대원 선사의 짧은 일대기가 실려 있어 그 선풍을 음미하는 데에 큰 도움을 주고 있다.

440쪽 15,000원

32. 바로보인 간당론

법문하는 이가 법리를 모르고 주장자를 치는 것을 눈먼 주장자라 한다. 법좌에 올라 주장자 쓰는 이들을 위해서 대원 선사가 간당론에서 선리(禪理)만을 취하여 『바로보인 간당론』을 출간하였다.

218쪽 20,000원

33. 완전한 우리말 불공예식법

부처님께 공양을 올리고 불보살님의 가피를 구하는 예법 등을 총칭하여 불공예식법이라 한다. 대원 선사가 이러한 불공예식의 본뜻을 살려서 완전한 우리말본 불공예식법을 출간하였다.

456쪽 38,000원

34. 바로보인 유마경

유마경은 불법의 최정점을 찍는 경전이라 할 것이니, 불보살님이 교화하는 경지에서의 깨달음의 실경과 신통자재한 방편행을 보여주는 최상승 경전이다. 대원 선사가 〈대원선사 토끼뿔 〉로 이 유마경에 걸맞는 최상승법을 이 시대에 다시금 드날렸다.

568쪽 20,000원

35. 실증설
5개국어판 - 韓 · 英 · 佛 · 西 · 中

대원 선사가 불법의 참뜻을 보이기 위해 홀연히 펜을 들어 일시에 써내려간 실증설! 실증한 이가 아니고는 설파할 수 없는 도리로 가득한 이 책이 드디어 영어, 불어, 스페인어, 중국어를 더하여 5개국어로 편찬되었다.

860쪽 25,000원

36. 누구나 궁금한 33가지
3개국어판 - 韓 · 英 · 中

누구라도 풀어야 할 숙제인 33가지의 의문에 대한 답을 21세기의 현대인에게 맞는 비유와 언어로 되살린『누구나 궁금한 33가지』가 한글, 영어, 중국어 3개국어로 출간되었다.

408쪽 15,000원

37. 달마의 일할도 허락지 않는다
3개국어판 - 韓 · 英 · 中

대원 선사의 짧고 명쾌한 법문집인 『달마의 일할도 허락지 않는다』가 한글, 영어, 중국어 3개국어로 출간되었다. 전세계에서 유일하게 활선의 가풍이 이어지고 있는 한국, 그 가운데에서도 불조의 정맥을 이은 대원 선사가 살활자재한 법문을 세계로 전하고 있는 책이다.

308쪽 15,000원

38. 화엄경 (전81권)

대원 선사는 선문염송 30권, 전등록 30권을 모두 역해하여 세계 최초로 1,463칙 전 공안에 착어하였다. 이러한 안목으로 대천세계를 손바닥의 겨자씨 들여다보듯 하신 불보살님들의 지혜와 신통으로 누리는 불가사의한 화엄세계를 열어 보였다.

각권 15,000원

39. 법성게 3개국어판 - 韓 · 英 · 中

법성게는 한마디로 화엄경의 핵심부를 훤출히 드러내놓은 게송으로 짧은 글 속에 일체 법을 고스란히 담아 놓았다. 대원 선사의 통쾌한 법성게 법문이 한영중 3개국어로 출간되었다.

376쪽 15,000원

40. 정법의 원류

『정법의 원류』는 불조정맥을 이은 정맥선원의 소개서이다. 정맥선원은 불조정맥 제77조 조계종 전강 대선사의 인가 제자인 대원 전법선사가 주재하는 도량이다. 『정법의 원류』를 통해 정맥선원 대원 선사의 정맥을 이은 법과 지도방편을 만날 수 있다.

444쪽 20,000원

41. 바로보인 도가귀감

도가귀감은, 온통인 마음[一物]을 밝혀 회복함으로써, 생사를 비롯한 모든 아픔과 고를 여의어, 뜻과 같이 누려서 살게 하고자 한 도교의 뜻을, 서산대사가 밝혀 놓은 책이다. 대원 선사가 부록으로 도덕경의 중대한 대목을 더하고, 그 대목대목마다 결문(決文)하였다.

218쪽 12,000원

42. 바로보인 유가귀감

유가귀감은 서산대사가 간추려놓은 구절로서, 간결하지만 심오하기 그지없으니, 간략한 구절 속에서 유교 사상을 미루어 볼 수 있게 하였다. 대원 선사가 그 뜻이 잘 드러나게 번역하고 그 대목대목마다 결문(決文)하였다.

236쪽 15,000원

43. 바로보인 전등록(전30권)

7불로부터 52세대 1,071명 선지식의 깨달음의 진수가 담긴 전등록 30권에 농선 대원 선사가 선리의 토끼뿔을 더해 닦아 증득하는데 도움이 되도록 하였다.

288쪽 각권 15,000원

44. 화엄경 81권 품별요약서

화엄경 81권 전체를 회별로 크게 나누어 구성하여 내용상으로 분류된 각 품마다 간략한 줄거리와 많이 회자되는 본문 내용을 수록하고, 경전의 내용을 보는 구체적인 방법을 제시하여 처음 화엄경을 접하는 불자들도 보다 쉽게 이 경을 읽고 이해할 수 있도록 안내하고자 하였다.

106쪽 6,000원

법문 MP3를 주문판매합니다

부처님의 78대손이신 농선 대원 선사님의 법문 MP3가 나
왔습니다. 책으로만 보아서는 고준하여 알기 어려웠던 선문
의 이치들이 자세히 설하여져 있어서, 일체 궁금증을 시원하
게 풀어줄 것입니다.

* 천부경 : 15,000원
* 신심명 : 30,000원
* 현종기 : 65,000원
* 기우목동가 : 75,000원
* 반야심경 : 1회당 5,000원 (총 32회)
* 선가귀감 : 1회당 5,000원 (총 80회)

* 금강경 : 40,000원
* 법성게 : 10,000원
* 법융선사 심명 : 100,000원

농선 대원 선사님 작사 노래 CD 주문판매합니

1집 2만원

2집 1만 5천원

3집 1만 5천원

주문 문의 ☎ 031-534-3373

유튜브에서 유투브에서
정맥선원을 검색하여
채널 구독하시고
무료로 찬불가 앨범을 감상하세요

아래의 주소 또는
QR코드를 통해서도 접속 가능합이다

http://www.youtube.com/user/officialMOONZEN

도가귀감은 가람문화사의 보시에 의해 출간되었습니다. 이 무량공덕으로 구경성불하시기를 기원합니다.